瞑想録

철학과 지혜의 명언이 담겨있는
世界名人 79人의 **명상록**

펴낸이/이홍식
발행처/도서출판 지식서관
등록/1990.11.21 제96호
경기도 고양시 덕양구 벽제동 564-4
전화/031)969-9311(대)
팩시밀리/031)969-9313
e-mail / jisiksa@hanmail.net

초판 1쇄 발행일/2007년 3월 5일
초판 3쇄 발행일/2011년 7월 20일

철학과 지혜의
명언이 담겨있는
세계 명인 79명의

명상록
瞑想錄

머리말

말의 중요함은 아무리 강조해도 지나침이 없습니다. 말 속에는 사람의 인품이 담겨 있습니다. 성현들은 한 시대를 살면서 스스로의 체험에서 얻어낸 말을 후세에 남겼습니다. 이것이 이른바 명언(名言)입니다.

동서고금(東西古今)의 성현들에 의해서 배양된 명언은 우리 인류에게 지혜의 유산으로 영원히 전승되어 가고 있습니다. 불멸의 작품을 남긴 수많은 명인들의 작품 속에 깃들여 있는 훌륭한 문장들은 우리가 한 번만 읽고 넘어가기에는 너무나 아쉬운 일입니다.

그리하여, 그들의 주옥 같은 명문장이나 명언들에 밑줄을 그어 놓은 것을 모두 모아 한 권의 책자로 만들었습니다.

명언의 가치는 시대와 국가를 초월하여 인류의 마음 속에 영원히 존속하고 있습니다.

바쁜 현대 생활에 우리는 책을 많이 읽을 시간이 없습니다. 그런 사람들은 주옥 같은 지혜의 정수가 담겨 있는 명언집을 읽는 것이 좋습니다.

기억 속에 새겨진 명언들은 당신에게 좋은 생각을 가져

다 줍니다. 그리하여 유명한 작가들의 책들을 더 읽어 보고 싶게 하며 더 찾아보고 싶게 합니다. 이 책에 수록된 명언들은 하나같이 우리 마음의 양식이 되어 줄 것이며 수백 편의 고전을 읽었다는 긍지를 갖게 해 줄 것입니다.

만일 명언과 격언을 기억 속에 환기하여 적절히 대화 속에 삽입한다면, 듣고 있는 사람에게 부러움과 존경을 한몸에 받을 뿐만 아니라 자신도 사회인의 보물이 된 듯한 만족감에 휩싸이게 될 것입니다.

이 책은 작가별로 명언과 명상록을 실어 놓았으므로 독자 여러분은 작가의 사상을 공부하면서 자유로이 명언을 골라 음미하시기 바랍니다.

아무쪼록 이 책에 담겨 있는 명언을 수필이나 연설 · 좌담 · 테이블 스피치에서 잘 활용하여 빛이 나는 인품을 가진 가치 있는 사람이 되기를 기원합니다.

차 례

이 솝 · 신은 스스로 돕는 자를 돕는다./16
파에드루스 · 타인의 파멸을 음모하는 자는 가끔 파멸한다./18
플루타르코스 · 인간은 만물의 척도이다./21
셰익스피어 · 죽느냐! 사느냐! 그것이 문제로다./24
밀 턴 · 지옥의 통치는 천국에 봉사하는 것보다 낫다./27
라퐁텐 · 우리는 불운하면 순진해진다./29
몰리에르 · 사랑은 가끔 결혼의 과일이다./31
포 프 · 가지가 굽어지면 그 나무는 휜다./34
S. 존슨 · 친구들은 많지만 친구는 없다./38
괴 테 · 외국어를 모르는 자는 자국어에 대해서는 무지이다./42
블레이크 · 하나의 모래알에서 천국을 본다./45
횔덜린 · 인생 가운데서 예술을 배우고./49
노발리스 · 삶은 죽음의 시작이다./53
워즈워스 · 어린 아이는 어른의 아버지다./57
스탕달 · 사랑이 싹틀 때까지 미모가 간판으로 필요하다./60
바이런 · 여성이 천사라면 부부 생활은 악마다./63

하이네 · 인간—동물 사이의 귀족./66
푸슈킨 · 사람은 누구나 실패 앞에서는 범인이다./69
위 고 · 영감과 천재는 일심동체이다./72
휘트먼 · 나는 있다. 있는 그대로 충분하다./75
러스킨 · 참된 위인의 최초 테스트는 그 겸손에 있다./79
보들레르 · 연애란 매춘의 취미에 지나지 않는다./82
도스토예프스키 · 신이 존재하지 않는다면 내가 신이다./85
입 센 · 부부의 사랑은 그저 습관이다./89
톨스토이 · 질투는 사랑을 보증해 달라는 요구이다./92
마크 트웨인 · 화가 나면 넷을 세라. 매우 화가 나면 맹세하라./96
R. L. 스티븐슨 · 희망은 영원한 기쁨이다./98
모파상 · 애국주의란 계란에서 전쟁이 부화된다./101
D. H. 로렌스 · 사랑의 본질은 개인을 보편화하는 데 있다./104
체호프 · 결혼 생활에서 가장 중요한 것은 인내이다./107
메테를링크 · 인생의 행복은 우리 몸 가까이에./110
에머슨 · 인생의 가장 훌륭한 것은 대화이다./113

차 례

안데르센 · 모든 인간의 일생은 신의 손으로 그려진 동화이다./118

롱펠로 · 예술은 길고, 시간은 흘러가네./121

디킨즈 · 사고는 가장 순조로운 가정에서 일어날 것이다./123

도 로 · 사랑과 돈과 명예보다는 내게 진신을 달라./126

투르게네프 · 사랑은 죽음보다도 강하다./131

야콥센 · 인간은 누구나 자기 혼자만의 생애를./134

와일드 · 미움은 사람을 장님으로 만든다./137

버나드 쇼 · 의혹은 어리석은 자의 지혜이다./140

로맹 롤랑 · 남성은 작품을 만든다, 하지만 여성은 남성을 만든다./143

지 드 · 정숙, 그것은 허영이다./146

프루스트 · 충분히 고통을 경험함으로써만 고통을./149

발레리 · 권리는 실력의 중계자이다./152

몸 · 인간은 모두 어두운 숲이다./155

릴 케 · 내 운명에 아무런 운명을 갖지 않는 일이다./158

토마스 만 · 여론을 위해 투쟁할 기회가 없으면 여론은 있을

　　　　수 없다./161

헤　세 · 자기 운명을 짊어질 용기를 가진 자만이 영웅이
　　　　다./164

마르탱 뒤 가르 · 나는 살인의 목격자가 되고 싶었다./167

카프카 · 이 세상 기구에 예속된 자는 번영한다./170

생텍쥐페리 · 의무의 이행이 없으면 성장이 없다./173

모루아 · 일은 권태와 가난과 나쁜 일을 멀리한다./176

콕　토 · 예술은 살코기를 붙인 과학이다./179

H. 밀러 · 사랑이란 완성된 합일의 드라마를 말한다./182

포크너 · 나는 인간의 종말을 받아들이는 것을 거부합니다./185

헤밍웨이 · 당신들은 개처럼 죽을 것이다./188

스타인벡 · 인간은 언어에 의해서만 인간이다./191

보부아르 · 사람은 여자로 태어나지 않는다. 여자가 되는 것이
　　　　다./194

카　뮈 · 행복이란 그 자체가 긴 인내이다./196

소크라테스 · 플라톤 · 너 자신을 알라./199

에피쿠로스 · 죽음을 두려워 하지 말라./206

차 례

아리스토텔레스 · 인간은 정치적 동물이다./209
세네카 · 인간은 이성적 동물이다./214
에픽테토스 · 어느 사람이건 자유인이 아니다./217
키케로 · 천재는 근면으로 길러진다./220
몽테뉴 · 나는 무엇을 알리요./224
프랜시스 베이컨 · 지식은 힘이다./227
데카르트 · 나는 생각한다, 그러므로 나는 존재한다./230
스피노자 · 모든 고귀한 것은 드물고 곤란하다./233
라 로슈푸코 · 행복하지도 불행하지도 않다./237
라 브뤼에르 · 인생이 비참한 것이라면./240
볼테르 · 일하기 위해 이 지상에 태어났다./243
몽테스키외 · 자유란 법의 테두리 안에서만./246
루 소 · 자연으로 돌아가라./249

명상록

이 솝
(isopos 그리스; BC. 620~560)

신은 스스로 돕는 자를 돕는다.

* 안심하고 먹는 한 조각의 빵이, 근심하면서 같이 먹은 잔치보다 낫다. 우화집

* 네 몫에 만족하라, 사람은 모두 일에 우선할 수 없다. 우화집

* 돌이킬 수 없는 잃어버린 물건에 대해 슬퍼하지 말라. 우화집

* 우리는 벌거숭이로 이 세상에 왔으니, 벌거숭이로 이 세상을 떠나리라. 우화집

* 자만심은 자기 파멸을 가져올 수 있다. 우화집

* 늦어도 꾸준한 것이 경주에 이긴다. 우화집

* 환영(幻影)을 움켜쥐려다 실물을 잃어버리지 않도록 조심하라. 우화집

* 사람들은 종종 스스로 즐길 수 없는 것도 남에게는 주기 싫어한다. 우화집

* 자신이 알 수 없는 백 가지 길보다 안전한 하나의 길이 더 낫다. 우화집

* 친절한 행동은 아무리 작은 것이라도 결코 헛되지 않다. 우화집

* 똑같은 입김을 불어서 덥히기도 하고, 식히기도 하는 사람과 나는 관계하지 않겠다. 우화집

* 병아리가 부화되기 전에는 병아리를 세지 말라.
우화집

파에드루스

(Paedrus 로마; BC. 15?~50?)

타인의 파멸을 음모하는 자는 가끔 파멸한다.

  * 귀로 들은 것은 무엇이든 멸시하지 말고 무엇이든 곧바로 믿지도 말라. 우화집

  * 사물은 반드시 겉으로 보이는 것(외모)과 똑같지는 않다. 우화집

  * 나는 잘생긴 사람들이 가장 나쁜 사람들이고, 잘못생긴 사람들이 가장 훌륭한 사람들인 것을 흔히 보았다. 우화집

  * 사람은 누구나 독특한 정신상의 기질을 가지고 있다. 우화집

* 탐욕은 부(富)하고, 겸손은 굶주린다는 말은 진실이다. 우화집

* 보다 큰 악이 닥쳐오지 않게 하려면 현재의 악을 굴복시키라. 우화집

* 사악한 자의 미끈한 말은 불실로 가득 차 있다. 우화집

* 관대함은 잔인성의 치료약이다. 우화집

* 비열한 협잡꾼으로 알려진 사람은 그가 비록 진리를 말한다고 해도 신용을 얻지 못한다. 우화집

* 잡아당긴 채로 둔 활은 곧 부러져 버린다. 우화집

* 용기 없는 자가 자기의 영광스런 업적을 자랑하면 낯선 사람은 속여도 그를 아는 사람들에게는 비웃음거리가 된다. 우화집

* 아첨받아 즐거워하는 사람들은 자기들의 어리석

음을 나중의 후회로써 보상한다. 우화집

* 친구라는 이름은 흔하지만 우정 있는 신뢰는 드물다. 우화집

* 생업에 더 충실할 수 있도록 친구에게는 시간을, 아내에게는 여가를 주고, 마음의 긴장을 풀며 몸에는 휴식을 주라. 우화집

* 책은 이중의 혜택이다. 웃음을 자아내 주고 충언(忠言)으로써 현명한 자에게 사는 방법을 가르쳐 준다. 우화집

* 식자(識者)는 항상 마음 속에 재물을 지니고 있다. 우화집

* 세력가와 손잡는 것은 결코 안전하지 않다. 우화집

* 가난한 사람이 권세가들의 흉내를 내면 망한다. 우화집

플루타르코스

(Plutarchos 그리스; 46?~120?)

인간은 만물의 척도이다.

* 좋은 가문에서 태어나는 것은 바람직한 일이다. 그러나 그 영광은 조상의 것이다. 어린이들의 지도에 대하여

* 화가 날 때는 스물네 개의 문자를 암송할 때까지 아무것도 말하지도 행하지도 말아라. 영웅전

* 선행을 하는 데 지치지 말자. 게렌다 제6공화국

* 덕은 세상에서 가장 기쁨을 주는 가치 있는 재산이다. 영웅전—솔론

* 행운은 하찮은 마음의 소유자까지도 높여 주어, 높은 자리에서 세상을 내려다볼 때 어느 정도 위대하

고 위엄 있는 용모를 갖추게 할 것이다. 그러나 진정으로 고상하고 단호한 정신의 소유자는 스스로를 향상시켜 재앙과 악운의 시기에 더욱 돋보일 것이다.
영웅전—에우메네스

* 우리의 회상이란 들을 수 없는 행동의 소리를 듣고 볼 수 없는 행동의 모양을 보는 것이다. 윤리론

* 가장 비옥한 땅도 갈지 않으면 무성한 잡초를 길러 낸다. 영웅전—코리올리노스

* 조타수(操舵手)는 파도를 누그러뜨릴 수도 없고 바람을 잠잠하게 할 수도 없다. 마음의 안정에 대하여

* 사람들의 관습은 서로 다르다. 사람들은 저마다 다른 관례를 숭상한다. 그러나 모든 사람들은 자기네들의 독특한 풍습의 유지를 숭상한다.
영웅전—데미스토클레스)

* 수다스러운 자는 호기심에서나마 또 하나의 말썽꾸러기를 달고 다닌다. 지껄이기 좋아하는 사람은 말을 많이 하기 위해 많이 얻어 듣기를 원하기 때문

이다. 도덕론

 * 침묵해야 될 때는 침묵하는 것이 현명하다. 또 말을 그리 잘 하지 못할 바에는 말하는 것보다 침묵이 낫다. 윤리론집

 * 변함없는 친구는 드물고 발견하기 어렵다. 윤리론집

 * 정직과 덕의 샘과 뿌리는 훌륭한 교육에 있다.
윤리론집

 * 나는 아테네인도 그리스인도 아니며, 세계의 시인이다. 추방에 관하여—소크라테스

 * 권세와 지위는 모든 정열을 움직여 보고 모든 연약을 발견함으로써 인간의 기질을 논증(論證)하고 시험한다. 영웅전—데몬스테네스와 키케로

 * 백절불굴(百折不掘)은 폭력보다 훨씬 우세하다. 한꺼번에 닥치면 정복될 수 없는 많은 것들이 조금씩 해 나가면 굴복하고 만다. 영웅전—세르토리오스

셰익스피어

(Willm Shakespeare 영국; 1564~1616)

죽느냐! 사느냐! 그것이 문제로다.

　* 자비(慈悲)라는 것은 강제될 성질의 것이 아니다. 하늘에서 내리는 단비가 대지를 축축이 적셔 주는 것과 같은 것이다. 자비에는 이중의 축복이 있다. 즉 자비를 베푸는 자를 축복하기도 하며, 또 자비를 받는 자를 축복하기도 하는 것이다. 이것이야말로 가장 위대한 것 중에서도 가장 위대한 미덕인 것이다. 왕좌에 있는 군주에게 있어서는 왕관보다도 더 소중한 것이다. 베니스의 상인

　* 명예는 부상당한 다리를 원상태로 완치해 줄 것인가? 그렇지 않다. 혹은 팔이라면 완치해 줄 것인가? 아니 그것도 불가능하다. 명예 덕분에 상처의 통증이 쾌유(快癒)할 것인가. 아니, 그렇지 않다. 그렇

다면 명예는 의술을 대신할 수 없다는 말인가? 그렇고 말고. 그럼 명예란 무엇이란 말인가? 그 명예라는 말에는 무엇이 깃들여 있는가? 그 명예라는 것은 도대체 무엇을 뜻하는 것인가? 바람인 것이다. 그것은 볼 가치가 있는 훌륭한 해석이다.

어느 누가 명예를 지니고 있다는 것인가? 수요일에 죽은 자다. 그자는 그것을 느끼고 있을 것인가? 아니오, 천만에. 그자는 그것을 듣고 있을 것인가? 아니오, 천만에. 그러면 명예는 느낄 수 없는 것인가? 그렇고 말고, 죽은 놈에겐 말이지. 그러나 살아 있는 놈에겐 명예도 살아 있지 않은가? 아니오, 천만에. 왜냐? 험구가 그렇게 되도록 내버려 두지는 않는 것이다. 그렇다면 나에겐 명예 같은 것은 있으나마나인 것이다. 즉, 명예라는 것은 장례식의 명사에 불과한 것이다. 헨리 4세

* 인간이란 얼마나 조화의 묘(妙)를 극한 존재이냐!

그 숭고한 의지! 그 무한한 재능! 무엇이라 표현할 수 없는 적절하고도 멋진 그 모습과 움직임!

그 행동은 천사(天使)와 같으며 그 지혜는 신과도 같도다!
  세상의 빛이여! 만물의 영장! 그 인간이 나에게는 한낱의 먼지인 것이다. 햄릿

  * 연극의 목적은 옛날이나 지금이나, 말하자면 자연에 거울을 걸어 놓고, 그 장점과 결점을 사실대로 보여줌으로써 그 시대의 양상과 특징을 나타냄에 있는 것이다.
  꺼져라, 꺼져라, 덧없는 등불이여! 인생은 걸어가는 그림자이며, 가련한 배우이다. 짧은 인생에서 전력을 다하여 노력하건만 이 세상을 하직하면 아무 흔적도 없다. 무어라 외치며 아우성을 치고는 있으나 아무 소용도 없는 무의미한 소리이다. 이는 바보가 하는 어리석은 말이다. 맥베드

  * 우리들의 인생은 한낱 꿈과 같은 것이다. 그리하여 우리들의 보잘것 없는 인생은 잠결에 꾸는 꿈결과 같다. 템페스트

밀 턴

(John Milton 영국; 1608~1674)

지옥의 통치는 천국에 봉사하는 것보다 낫다.

* 내가 불평을 말해야 할 일은 오직 자신이 아니냐…….
아아, 강대한 체구에 있는 마음의 무력함이여!
그러나 힘이 무엇이냐, 지혜의 두 배의 몫이 없다면……. 力士 삼손

* 모든 것은 최상이다.
설령 우리는 가끔 최고의 지혜가 측량할 수 없는,
배제(配劑)가 가져오는 것은 무엇인가 하고 의심하고,
그리고 항상 최후에 최상이라고 안다고는 할지라도,
가끔 신은 얼굴을 가리우신 것같이 보이지만,
뜻하지 않게도 돌아오신다.
…………………………

신은 그 종들이 이 위대한 일의 한,
참다운 경험의 새로운 취득과
평화와 위안으로써 제거하신
격심한 정념은 가라앉고 마음 편히. 力士 삼손

 * 오오, 한없는 선, 끝없는 선이여 !
이 모든 선이 악에서 생기고
악이 선으로 화합하여
 차조에 의해 비로소 암흑으로부터 빛을 베푸신 사랑보다도 훨씬 더 위대하도다. 나는 의심하노라.
 내가 범하고 또 내가 초래한 죄를 지금 후회할 것인가, 또는 그로부터 보다 나은 선의 탄생함을 보다 더 기뻐할 것이런가.
 저절로 눈물이 흘러 나와도 즉시로 씻는도다.
 안주(安住)할 땅을 찾을 세상이 앞에 있고,
 섭리야말로 그들이 길잡이. 손에 손을 잡고 힘없이 정처없는 발길로 외로이 에덴을 떠났다. 矢樂園

 * 신의 부드러운 명령에 가장 잘 견디는 자, 가장 훌륭하게 신에 봉사한다. 矢樂園

라 퐁텐

(Jean de La Fontaine 프랑스; 1621~1695)

우리는 불운하면 순진해진다.

* 인간은 진실에는 얼음이요, 거짓에는 불이다. 우화집

괴팍한 자는 불행하다. 아무것도 그를 만족시킬 수가 없기 때문이다. 우화집

* 우리는 악행이 이루어지기 전에는 악을 믿지 않는다. 우화집

* 죽은 제왕(帝王)보다 살아 있는 거지가 더 낫다. 우화집

* 너 자신을 도우면 하늘은 너를 도와 줄 것이다. 우화집

* 꽃길이 영광으로 인도하지는 않는다. 우화집

* 가장 강한 사람들의 의견이 항상 최선이다. 우화집

* 일을 봄으로써 일한 사람을 안다. 우화집

* 아첨하는 사람은 그의 말에 귀 기울이는 사람을 희생시키며 산다. 우화집

* 말이 없는 사람들은 위험하다. 우화집

* 무지한 친구만큼 위험스런 것은 없다. 차라리 현명한 적을 갖는 것이 낫다. 우화집

* 죽음은 현인에게 불시에 달려들지는 않는다. 그는 항상 갈 준비가 되어 있다. 우화집

* 일을 함으로써 사람은 일하는 자를 안다. 우화집

* 경주를 이기자면 아무리 빨리 달려도 제때 출발하지 못하면 소용없다. 우화집

몰리에르
(Moliere 프랑스; 1622~1673)

사랑은 가끔 결혼의 과일이다.

* 얼굴이 고운 것은 덧없는 장식, 한철의 꽃, 순식간의 맑은 빛. 다시 말해서 다만 피부에만 딸린 것이다. 가장된 재원

* 정신은 신체에 큰 영향을 미친다. 질병은 종종 정신에 근원을 갖는다. 사람의 가장 좋은 의사

* 자기의 품행에 논의의 여지를 남겨 두는 사람들이 자기 이웃을 공격하는 데는 항상 앞장선다. 타르튀프

* 모든 사람이 고결의 옷을 입었다면, 모든 마음이 의롭고 솔직하고 친절하다면, 그 외의 덕은 거의 쓸데없을 것이다. 그 외의 덕의 주목적은 우리 동료들

의 불의(不義)를 우리가 인내심을 갖고 견딜 수 있게 해 주는 것이기 때문이다. 인간 염오

* 사람은 살기 위해 먹어야 하지 먹기 위해 살아서는 안 된다. 수전노

* 우리는 동료에 대한 판단을 내리기 전에 스스로를 오랫동안 주의 깊게 바라보아야 한다. 인간 염오

* 능력이 있는 사람은 배운 적이 없어도 모든 것을 안다. 잘난 체하는 바보

* 공공연한 추문을 만드는 것은 부도덕한 것이요, 남몰래 죄를 짓는 것은 죄가 아니다. 타르튀프

* 우리는 사랑하는 것에는 쉽게 속는다. 타르튀프

* 비록 신앙의 길에 들어서 있기는 하지만 나는 역시 남자다. 타르튀프

* 호기심은 질투에서 생긴다. 나바르의동 가르시

* 친구들을 더 사랑할수록 친구 앞에서 아첨하지 않는다. 순수한 사랑의 모습은 아무것도 변명하지 않는 것이다. 인간 염오

* 산문이 아닌 것은 모두 운문(韻文)이요, 운문이 아닌 것은 모두 산문이다.
즉흥시는 진정 기지(機智)의 시금석이다.
가소로운 잘난 체하는 여인들

* 지식이 없으면 인생은 죽음의 그림자에 지나지 않는다. 신사가 되려는 자

* 말은 인간이 자기 사상을 표현하도록 주어졌다.
강제결혼

* 한 가지 일의 시초에서 실현까지는 긴 여정이다.
타르튀프

* 확언하노니, 인간은 간악한 동물이다. 타르튀프

* 의심은 진실의 최악보다 더 잔인하다. 타르튀프

포 프

(Alexander Pope 영국; 1688~1744)

가지가 굽어지면 그 나무는 휜다.

* 정신력이란 운동이지 휴식이 아니다. 인간론

* 운수 나쁜 분노가 오랜 세월에 의하여 다져진 우정을 깨뜨린다. 愚人傳

* 선한 자나 약한 자나 한결같이 명성을 좋아한다. 명성의 사원

* 같은 야심이라도 파괴할 수도 있고, 구원할 수도 있으며, 악당을 만들어 내는 것처럼 애국자를 만들어 내기도 한다. 인간론

* 사람이라면 충분히 알아야 할 이 진리, 즉 '덕행만이 밑에 행복이 있다'는 것을 알라. 인간론

* 사람들이 늙은 후에 비로소 덕성을 쌓는 것은 악마가 남긴 것을 신에 제물로 할 뿐이다. 多題多想

* 아무것도 기대하지 않는 사람이 복되다. '그는 결코 실망하지 않을 테니까'라는 말은 지혜 있는 사람들이 8가지 복음에 추가한 9번째 복음이었다(지혜 있는 자란, 목적을 달성하기 위해 오랫동안 노력하는 사람을 말함). 서간집

* 조물주는 하나의 목전에서 행동하지만 여러 가지 법칙에 따라 행동한다. 인간론

* 재화에 따라 몸가짐도 달라지고 풍토에 따라 유머도 달라지고, 책에 따라 교리도 달라지고, 시대에 따라 원칙도 달라진다. 도덕적 에세이

* 사람은 자기가 잘못이었다고 고백하기를 부끄러워해서는 안 된다. 다시 말하면 그것은 오늘의 자기는 어제의 자기보다 더 현명하다는 것을 말하는 것이나 다를 바 없다. 인간론

* 신앙과 희망에서는 세상 사람이 각각 다를 테지만 모든 인류의 관심은 자선이다. 인간론

* 어떤 여인이든 마음 속은 방탕하다. 도덕론

* 구애(求愛)할 때에는 꿈을 꾸지만, 결혼하면 잠을 깬다. 배드의 아내 이야기

* 양심이 하라고 지시하는 것, 해서는 안 된다고 금하는 것, 이것이 피해야 할 지옥보다도 또 구해야 할 천당보다도 큰 가르침이 된다. 만인의 기도

* 정직한 인간은 하나님이 만든 가장 고상한 것이다. 인간론

* 잘못을 저지르는 것은 인간이요, 용서하는 것은 신이다. 비평론

* 용감한 자는, 자기를 해치는 자치고 자기보다 우월한 자는 아무도 없다고 생각한다. 그는 상해를 용

서함으로써 자신을 가해자보다 우월한 지위에 올려 놓을 수 있는 힘을 가지게 된다고 보기 때문이다.
多題多想

* 극단을 피하라. 너무나 즐거워하지 않거나, 혹은 지나치게 즐거워하는 자들의 그런 결점을 피하라.
비평론

* 행동이 언제나 인간을 나타내 보이는 것은 아니다. 친절을 베푸는 자라고 해서 반드시 친절하지는 않다는 것을 우리는 알게 된다. 도덕론

* 젊은이의 질병은 완전히 정복해야 그의 성장에 따라 자라고, 그의 힘과 함께 강해진다. 인간론

* 표현은 사상의 의복(衣服)이며, 잘 어울리면 더욱 고상하게 보인다. 비평론

* 빈 머리는 빈 말로 위로한다. 愚人傳

* 질서는 하늘에 으뜸가는 법률이다. 인간론

S. 존슨
(Samuel Johnson 영국; 1709~1784)

친구들은 많지만 친구는 없다.

* 인간 마음의 자연스러운 비행은 쾌락으로가 아니라, 희망에서 희망으로이다. 램블러 誌

* 사람은 자신의 의사에 반하여 설득당할 수는 있어도 기쁨을 받을 수는 없다. 명시인전

* 고통 뒤에 쾌락이 따르지 않는다면 누가 고통을 참겠는가? 아이들러 誌

* 인간의 으뜸가는 장점은 자기의 천성(天性) 충동을 억제하는 데 있다. 신문집

* 우리는 지나가고 싶지 않은 담장을 넘겨다보고

싶어한다. 램블러 誌

 * 자기 자신의 존경을 얻을 수 있는 가장 많은 기회를 제공하는, 그런 종류의 인생이 가장 행복하다.
작품집

 * 젊은이들은 늙은이들보다 더 많은 덕성을 가지고 있다. 그들은 모든 점에 있어서 더 풍부한 정서를 가지고 있는 것이다. 보즈웰의—존슨전

 * 희망은 그 자체가 일종의 행복이며, 이 세상이 베풀어 주는 주된 행복일 것이다. 보즈웰의—존슨전

 * 인생의 즐거움은 변화이다. 가장 다정한 사랑도, 간혹 이별에 의하여 다시 새롭게 할 필요가 있다.
아이들러

 * 금으로 살 수 없는 것을 금을 받고 팔지 말라.
런던

 * 부(富)와 권력을 좇아 실패하는 자는 정직도 용기도 오래 지니지 못한다. 어드밴추어러 誌

* 금욕은, 나에게는 절제가 어려운 만큼이나 오히려 쉽다. H.모어—존슨 어록

* 인생은 어느 곳에서든 참을 것은 많으나, 즐길 것은 거의 없다. 라셀라스

* 우리는 죄악과 슬픔으로 가득한 세상에서 함께 살고 있다. 신문집

* 진실하고 강하며 건전한 마음은 큰 것이나 작은 것이나 똑같이 포용할 수 있는 마음이다.
보즈웰의—존슨전

* 가장 가까이 있는 것이 우리를 진정시킨다. 제국(帝國)의 비극보다 가정의 비극이 더 뼈에 사무친다.
서간집

* 정의는 결백(潔白)이 기뻐하는 미덕이다. 탐구

* 한쪽이 다른 쪽보다 우세하다는 증거를 얻지 않고는 두 사람이 반 시간도 함께 있을 수 없다.
보즈웰의—존슨전

* 황금과 같은 순간을 기회로 활용하여 우리의 힘이 미치는 한 이익을 포착하는 것이 위대한 처세술이다. 저작집

* 우정도 사랑과 마찬가지로 잠시 떨어지면 증진될 수 있어도 오랫동안 떨어져 있으면 깨진다.
아이들러 誌

* 주해(註解)는 때로 필요하다. 그러나 그것은 필요악이다. 셰익스피어 論

* 권력은 과격하고 거만한 자를 즐겁게 하고, 재물은 조용하고 소심한 자를 기쁘게 해 준다. 따라서 청춘은 권력에 덤벼들고 노인은 부(富)에 아첨한다.
저작집

괴 테

(Johann Wolfgang von Goethe 독일; 1749~1832)

외국어를 모르는 자는 자국어에 대해서도 무지하다.

* 아! 만물의 구세주 태양이시여! 그대가 비치는 곳엔 삼라 만상이 빛나도다. 격언과 반성

* 빛이 호화 찬란한 곳엔 그만큼 그림자가 짙으리라. 괴츠

* 무릇 인간이란 인간다운 인간으로서 인정받지 못할 때 부아가 나는 것이다. 괴츠

* 인간의 과오야말로 인간을 진실로 사랑할 수 있는 인간으로 인도한다. 격언과 반성

* 모름지기 인간은 노력하는 과정에서는 헤매게

된다. 파우스트

　* 어찌하여 우리 인간은 그렇게 재빨리 지득(知得)하면서도 그 실천에는 그다지도 지지부진한 것일까! 이탈리아 기행

　* 무릇 우리 인간이야말로 인간에게 있어서 가장 흥미로운 존재이기도 하다. 빌헬름 마이스터의 수업 시대

　* 생각하는 사람의 가장 아름다운 행복은 다할 수 있는 것을 다하고, 다하지 못할 것은 조용히 우러러 보는 것이다. 격언과 반성

　* 사람의 재능은 고요한 속에서 이루어지고, 성격은 이 세상의 거친 흐름 속에서 이루어진다. 탓소

　* 아! 나의 이 보잘것 없는 능력은 누구도 가질 수 있는 것이다. —그러나 나의 마음은 나만이 가질 수 있는 것입니다. 젊은 베르테르의 슬픔

* 그대의 마음에서 진심으로 우러나온 것이 아니라면, 다른 사람의 마음 속을 그대의 마음 속에 결합할 수는 없다. 파우스트

* 의기발랄한 청년은 가르침을 받기보다는 자극되기를 바란다. 시와 진실

* 인생의 시련은 연령과 더불어 쌓여진다. 격언과 반성

* 무릇 학문과 예술을 지니고 있는 자는 동시에 종교를 지니고 있는 것이다. 학문과 예술을 지니지 않은 자는 모름지기 종교를 지녀라! 온순한 크세니엔

* 우리 시인은 여자와 같은 것이다. 여자는 아기를 해산할 때 두 번 다시 남편과 동침하지 않겠노라고 맹세하지만 어느 사이엔가 또 임신하고 있다.

에커만의 괴테와 대화

* 자기의 빵을 눈물 흘리며 먹어 보지 않은 사람과 근심으로 가득한 밤에 잠자리에서 울어 보지 않은 사람은 너를 모른다. 너 하늘의 힘을. 빌헬름 마이스터의 수업 시대

블레이크

(William Blake 영국; 1757~1827)

하나의 모래알에서 천국을 본다.

* 하나의 작은 꽃을 만드는 데도 오랜 세월의 노력이 필요하다. 천국과 지옥의 결론

* 살아가는 만물은 혼자서, 독력(獨力)으로 살아가는 것이 아니다. 텔의 책

* 새에게는 둥지, 거미에게는 거미줄, 사람에게는 우정. 지옥의 격언집

* 아침에는 생각하고, 낮에는 일하라. 저녁에는 먹고, 밤에 자라. 지옥의 격언집

* 속박받은 시는 인간을 속박한다. 민족은 그들의

시와 미술과 음악이 멸망, 혹은 융성하는 데 비례하여 멸망하든가 융성한다. 예루살렘

 * 길을 고치면 곧아진다. 그러나 고치지 않은 구부러진 길이 천재가 가는 길이다. 지옥의 격언

 * 사자가 여우의 충고를 듣는다면 사자는 교활해질 것이다. 지옥의 격언

 * 바보의 완전함보다는 차라리 현인(賢人)의 과오를 표준으로 삼으라. 예술과 예술가에 관하여

 * 자기의 주장을 바꿀 줄 모르는 자는 흐르지 않는 물과도 같으니, 마음의 파충류를 기른다. 지옥의 격언집

 * 어리석은 자는 슬기로운 사람이 보는 그 나무를 보지 않는다. 천국과 지옥의 결혼

 * 개량은 곧은 길을 만든다. 그러나 개량 없는 구부러진 길이 천재의 길이다. 천국과 지옥의 결혼

* 여유 있는 길은 지혜의 궁전에 이른다.
천국과 지옥의 결혼

* 감옥은 법의 돌로 세워지고 매춘굴은 종교의 벽돌로 세워지고 있다. 천국과 지옥의 결혼

* 기쁨을 그 자신에게 묶어 두는 사람은 날개 달린 인생을 파괴한다. 그러나 기쁨이 날아갈 때 그것에 키스하는 사람은 영원한 해돋이에서 산다.
여러 가지 詩와 斷想

* 분주한 벌은 슬퍼할 시간이 없다. 천국과 지옥의 결혼

* 격노한 호랑이가 길들여진 말보다 현명하다.
천국과 지옥의 결혼

* 눈물이 많으면 영원히 갓난아이가 된다. 결백한 점

* 수치심은 자존심의 외투(가면)이다. 지옥의 격언집

* 인간은 기쁨도 슬픔도 맛보게 되어 있다. 그러나 이를 올바르게 알고 있을 때, 우리는 세상을 안전하게 살아간다. 결백한 점

* 매일 밤, 매일 아침, 태어나 비참하게 되는 자가 있고, 매일 아침, 매일 밤, 태어나 즐거워지는 자가 있다. 결백한 점

* 진실은 이해될 수 있도록 말할 수는 없으며, 또 믿어지도록 말할 수도 없다. 지옥의 격언집

* 여인의 나체는 하나님의 작품이다. 지옥의 격언집

* 새에게는 공중 물고기에는 바닷물이 따르듯 비열한 자에게는 경멸이 따른다. 지옥의 격언집

* 용기에 약한 자가 교활에는 강하다. 지옥의 격언집

* 조심성은 무능에게 유혹된 돈 있고, 추하고 나이 많은 처녀이다. 천국과 지옥의 결혼

* 하나의 생각이 무한한 공간을 채운다. 지옥의 격언집

횔덜린

(Johann Christion F. Holderlin 독일; 1770~1843)

인생 가운데서 예술을 배우고.

* 오오, 영혼이여! 이 세상의 아름다움이여! 그대 불멸이여! 영원한 청춘을 지니는 자여! 그대의 존재에도 불구하고 인간의 죽음, 또한 일체의 슬픔은 그 웬말이냐? 세상의 일체는 기쁨에서 생겨 마침내는 평화로 끝나는 것이다.

세계의 불협화음은 서로 사랑하는 사람들끼리의 다툼과도 같은 것. 다툼 가운데도 화해가 있고, 이별은 또다시 재회의 길을 마련해 주는 것이다.

즉, 일체는 영원한 작열(灼熱)의 삶인 것이다.

회페리온의 운명의 노래

* 시인들이여! 우리에게 알맞은 일은, 신의 뇌우(雷雨) 아래에 발가벗은 머리로 선 채,

아버지의 뇌광(雷光)을 손수 짊어지고서,

천상(天上)의 선물을 노래로 감싸서, 민중의 손에 넘겨 준다.
신은 가까이 계시면서도 붙잡기 어려우며,
하지만 위험이 깃들여 있는 곳에 또한 구원의 손길이 있고…… Patmos

* 인생 가운데서 예술을 배우고, 예술 작품 속에서 인생을 배우라.
당신이 그 한 가지를 올바로 보았을 때에,
또한 다른 것을 깨달을 것이다. Patmos

* 독일 국민에 대한 지식은 특히 독일의 한 저술가가 되려는 자에게는 불가결한 것이다. 그것은 마치 정원사(庭園師)에게 토양(土壤)에 대한 지식이 풍부해야 되는 것과 마찬가지이다. 서한

* 우리들이 주연을 축복할 때,
나는 누구의 이름을 노래할까나?
그리고 낮의 일자리에서 휴식할 때에 뭐라고 감사해야 할까나?

드높으신 님의 이름을 부를까나?
신은 불손함을 사랑하지 않는도다.
신을 파악하기에는 우리의 기쁨도 부족하도다.
그래서 우리들은 침묵하곤 하오.
서러운 이름이 없기에.
가슴의 발은 높이 뛰노는데도,
할 말은 미처 못하는가?
하지만 현(絃)의 조율(調律)에 맞추어
노래하면서
또한 천상의 그들을 기쁘게 하리라.
이를 갖추어서 기쁨과 더불어 오는 근심·걱정도 또한 억누를 수 있으리라.
이러한 근심은 시인이 좋든 말든,
늘 마음에 간직할 수밖에 없는 것.
그렇지만 딴 사람들은 그렇지는 않다. 귀향

* 신적(神的)인 자연은 때때로 인간을 통해서 신적으로 자신을 나타낸다. 그래서 여러 모로 탐욕에 지친 인류는 자연을 재인(再認)한다.

하지만 현신(現身)인 인간이 자연의 환희로 마음에

가득 찰 때에는 그것을 고지(告知)한 다음에 자연으로 하여금 이 기물(器物)을 부숴 버리도록 한다.
 기물이 다른 용도로 쓰여져서, 신적인 것이 인간의 일사(逸事)로 되지 않기 위하여……. 엠페도클레스

노발리스

(Novalis 독일; 1772~1801)

삶은 죽음의 시작이다.

* 인생은 결코 우리에게 주어진 로망이 아니라, 우리가 이룩해 놓은 로망이어야 한다. 斷片

* 인간이 된다는 것은 일종의 예술인 것이다. 斷片

* 잘 생각해 보면, 도덕은 인간 본래의 생활 요소인 것이다.
 도덕이란 그 깊은 내면에 있어서는 경신(敬神)과 동일한 것이다.
 신의 의지를 실현함으로써 우리는 자기 자신의 존재를 명확히 규명하며 그것을 확장하는 것이다.
 신의 뜻을 실현하는 것이 말할 나위도 없이, 우리가 자기 자신을 위하여 한층 깊은 내면의 본성으로부터 행동한 셈이 되는 것이다.

참으로 죄는 이 세상에 원래 존재하고 있는 악이며, 일체의 괴로운 고난이 죄에서 유래하고 있는 것이다.

그러나 죄를 이해하는 자는, 덕과 기독교를 이해하고 자기 자신과 세계를 이해한다.

이러한 이해가 없이는 그리스도의 봉사를 자신의 봉사로 여길 수가 없다.

―이러한 제2의 한층 고차적인 창조에 참여하는 따위의 일은 도저히 불가능한 것이다. 斷片

* 덕에 있어서는 지역적 일시적인 개성은 소실하고 만다.

덕이 있는 사람은 그가 유덕한 이상 결코 유일한 개인은 아니다. 그는 신 자신인 것이다.

모든 정신적 접촉은 마법(魔法)의 지팡이 접촉과 같다.

온갖 것이 마법의 도구가 될 수 있다.

그러나 이와 같은 접촉의 효과가 너무나 황당 무계하다고 생각한다든가, 주문(呪文)의 효과가 너무나도

기묘하다가 생각하는 자도 있을 것이다. 斷片

 * 그러나 그에게 있어서도 자기 애인의 손길이 비로소 자기에게 접촉되었을 때의 일, 그녀가 처음으로 자기를 의미 깊게 바라보았을 때의 일―이러한 경우에 마법의 지팡이는 굴절(屈折)된 광선과도 같은 형상을 띤다―처음에 키스하던 일, 처음에 사랑의 말을 주고받았을 때의 일만은 기억하고 있을 것이다.
 ―그리하여 그로 하여금 그러한 순간에 자기가 느낀, 고갈되지 않는 힘이나 마술까지도 황당 무계하고 기묘한 것이거나, 혹은 이치로써는 깨닫지 못할 영원할 것인가를 홀로 자문(自問)하고 있는 것이다. 斷片

 * 마음의 세계와 인생의 열쇠이다.
 인간이 구원 없는 이 세상에 살고 있다는 것은 사랑하고 싶기 때문에, 타인에게 의무를 부담시키고자 하기 때문이다. 인간은 불완전한 까닭에 타인으로부터 감화를 받을 자격이 있지만 이러한 감화야말로 인간이 살아가고 있는 이정표(里程標)인 것이다.
 우리가 환자(患者)로 있을 적에 오직 타인만이 우리

를 구해 줄 수 있을 것이며, 또 그것이 가능한 것이다.

이러한 관점에서 볼 때, 그리스도야말로 분명히 세계의 열쇠이다. 斷片

워즈워스

(William Wordsworth 영국; 1770~1850)

어린아이는 어른의 아버지이다.

* 두 개의 '소리'가 있다. ―하나는 바다의 소리, 하나는 산의 소리이다.

그것은 어느 것이나 모두 위대한 '소리'

오는 세상도, 가는 세상도, 너 '자유'에게는 이 두 가지가 풍부하도다.

그것이야말로 너의 선택된 음악이었다.

이윽고 '폭군(나폴레옹)'이 나타났을 때, 청순한 즐거움으로써 너는 그와 싸웠으나,

아아! 그 싸움은 허무했도다.

그리하여 너는 알프스의 본진에서 마침내는 추방 당하고, 그 산골짜기의 어떠한 실개천의 흐름도 이미 너는 듣는 일이 없어라.

깊은 행복을 너는 하나 박탈당했도다.

그렇다면 지키라. 오오 지키라! 아직도 남아 있는 그 하나를,
산골짜기 실개천의 흐름이 옛날처럼 울려 오고,
대해(大海)의 물결이 바위 많은 바닷가에 굉음을 일으킨대도,
엄숙한 소리의 그 두 개가 모두 들리지 않게 된다면, 숭고한 '처녀'여, 그것은 얼마나 슬픈 일이냐!

<small>스위스의 항복에 부쳐서─영국인이 생각하는</small>

* 밀턴이여! 그대는 이제야말로 살아 주었으면 하노라.
영국은 그대가 필요하도다.
이 나라는 이제 괴어 있는 썩은 물 웅덩이가 되었나니,
제단(祭壇)도·칼도·붓도,
난롯가도, 호화스런 주택의 응접실도, 또한 부인들의 안방도,
옛날부터 영국에 전해 오며,
남아 있던 저 마음의 행복마저도 잃어버렸도다.
우리는 실로 이기적인 국민,
오오, 우리를 채찍질하여 우리들 본연의 곳으로 되

돌아가게 하시라.
 그대의 영혼은 '별'과도 같이,
 아득한 저 높은 곳에 있었던 것이었노라.
 그대는 바다의 반향(反響)과도 비슷한 목소리를 가지고,
 저 깨끗한 하늘과도 같이, 맑고 숭고하여 자유스러웠노라. 밀턴

 * 그리하여 그대는 밝은 숭고함 속에서 인생의 상도(常道)를 걷고 있었노라. 그러면서도 그대의 마음은 가장 비천한 일까지도 강요당하고 있었노라. 밀턴

 * 봄날의 산림의 바람을 한번 쏘이는 것이
 인간사를 한층 더 그대에게 가르쳐 주리라
 도덕적인 악도, 또한 선도,
 성자(聖者)들이 다 모여도, 하지 못할 정도로 대자연이 가져다 주는 가르침은 즐거워라.
 우리들을 참견하는 지성은
 사물의 아름다운 형태를 왜곡(歪曲)하는도다. ―우리는 해부하려다가 죽여 버리고 마는도다. 반대 의견

스탕달

(Stendhal 프랑스; 1783~1842)

사랑이 싹틀 때까지 미모가 간판으로 필요하다.

　* 여성이 사교나 보통 남녀간의 잡담 대신에 여자다운 정숙미(貞淑美)와 교양을 잃지 않고, 사상을 몸에 지녔다면, 당대의 가장 우수한 남성들로부터 거의 열광적인 존경을 독차지할 것은 확실하다.
　그렇게 되면 여자는 남성의 반려가 아니라 호적수(好敵手)가 될 것이다. 그와 같이 된다면, 연애 금지법이라도 제정하지 않으면 안 될 것이다. 아니, 그보다도 그런 법률이 성립되기 이전에 연애의 매력도 도취도 배가(倍加)할 뿐이다.
　연애 결정 작용의 기반은 더욱 증대해 간다. 남성은 사랑하는 여성 곁에서 자기의 모든 사랑을 즐길 수가 있으며, 자연은 모두 새로운 매력으로서 눈에 비칠 것이다. 사상이란 반드시 성격의 미묘한 점을 반영하므로 남녀는 서로 이해하게 되고, 분별없는 일도 삼가게 된다. 그러므로 사랑은 맹목이 아니고 불행도 적어진다.

상대방에게 호감을 갖게 하고자 하는 마음이 있는 이상, 수줍음이나 섬세(纖細)함이나 여자다움은 어떠한 교육도 잃을 수 없다. 마치 이것은 꾀꼬리에게 봄철에 울지 못하도록 할 수 없는 것과 같다.

도대체 남성은 연애나 결혼 생활에 있어서, 상대편 여성에게 자기가 생각하고 있는 것을 무엇이든지 고백할 수 있는 행복을 줄 수 있을 것인가? 고락을 함께 해 주는 착한 여성은 있어도, 자기의 생각을 여성에게 이해하도록 하려면 그것은 천천히, 그리고 기회를 골라서 설득하는 도리 이외에는 없다.

이처럼 사리(事理)를 밝히는 데에 제약이 필요한 여성이라면, 사리에 맞는 충고를 기대함이 애당초 어리석은 일이라 할 것이다. 현대 교육상의 이념으로 볼 때에 완전한 여성이란 생활상 위험에 봉착할 경우에 남성을 홀로 버려 두고, 드디어는 남성을 실망케 하는 여성을 말한다.

만일 여성이 사리를 적당하게 판별(判別)할 수 있다

면 남성에게 있어서 그 아내는 훌륭한 조언자가 될 것이다. 그것은 인생 최초의 단 한 가지를 제외한다면, 이해 관계에 있어서 완전히 일치하는 조언자이다.

정신의 최대 특권은 하나는 노년(老年)을 존경하는 일이다. 그러나 여성들은 유감스럽게도 화려한 청춘기가 지나면 사교계에서 다하고 있는 역할에 대하여 공허한 환상을 갖는 일이 유일한 슬픈 행복이 된다.

대체로 남자들에게는 생애에 한 번 위대한 일을 할 수 있는 기회가 있다. 그것은 이 세상에 불가능한 것은 없다고 자부하는 때이다. 그러나 여성이 무지(無知)한 까닭으로 인류는 이러한 좋은 기회를 잃고 만다. 연애론

바이런

(George Gordon Byron 영국; 1788~1824)

여성이 천사라면 부부 생활은 악마다.

* 어느 날 아침 잠에서 깨어나 보니, 나는 하룻밤 사이에 유명해져 있었다. 수기

* 우정은 날개 없는 큐피드(사랑의 신)이다. 나태할 때

* 우리에게 여자가 있어도 삶에 지치고, 여자가 없어도 삶에 지친다면, 그 이상의 불행은 아마도 없을 것이다. 편지

* 파도여 일어라. 깊고 짙은 푸른 바다여, 파도치라.
수많은 함대로 네 위에 모습을 보전할 수는 없으리라.

인간은 대지에 폐허(廢墟)를 아롱지게 하나, 그것은 육지 위에서만의 일이어라.

　바다 위에 있는 것은 오직 네가 부순 것들뿐이로다.

　인간의 손에 의한 황폐의 그림자조차도 없노라.

　있는 것은 오직 인간의 죽음뿐.

　잠깐 사이의 빗방울처럼

　인간은 바다 밑에 가라앉으며, 물거품 이는 신음과 더불어.

　무덤도 없고, 진혼(鎭魂)의 종소리도 없이, 또한 관(棺)도 없고, 아는 사람 하나도 없이. 차일드 해럴드의 편력

　* 쾌락은 인간에게 죄를 가져오게 하고, 그리고 때때로는 죄는 인간에게 쾌락을 가져다 준다. 돈 주안

　* 남자에게 있어서의 연정(戀情)은 생활과는 별개의 것이지만 여자에게 있어서는 그것은 삶의 전부인 것이다. 돈 주안

　* 모든 비극은 죽음으로써 끝내며, 모든 연극은 결

혼으로써 끝을 맺는다. 돈 주안

　* 인간은 괴상한 동물이다.
이상한 사용법을 가지고 있다.
자기 자신의 성질도, 여러 가지 기예(技藝)도.
그리고 특히 새로 낳고 싶어한다.
　무엇이든 새로운 시도와 또 자기의 능력을 보이려 하면서.
　현대는 괴상한 것들이 우쭐대고 있다. 재능이 여러 가지라면 그 시장(市場)도 여러 가지이다. 돈 주안

　* 사랑은 강물과 같이 영원히 흘러 주지는 않는 것이다.
　나는 사회를 사랑하지 않으며, 사회도 또한 나를 사랑하지 않았노라. 나는 사회의 비난에 아첨하지 않으며, 그 우상의 앞에 무릎을 꿇지 않았노라.

차일드 해럴드의 편력

하이네

(Heincrich Heine 독일; 1797~1856)

인간—동물 사이의 귀족.

* 개인의 사업이 탁월할 수 있는 시대는 사라졌노라. 왜냐 하면 국민과 당파의 집단 스스로가 근대의 영웅이기 때문이다. 프랑스의 상태

* 참다운 천재는 사전에 일정한 궤도에 올려놓고 키울 수는 없는 것이다. 왜냐 하면 그 궤도는 온갖 비판적 평가의 테두리 밖에 있기 때문이다. 북해

* 성스러운 신은 광명 속에도 깃들여 있으며, 암흑 속에도 깃들여 있다. 또한 우리들의 키스 속에도 깃들여 있다. 즉, 이 세상에 존재하는 모두가 신인 것이다. 세라핌

* 거인 안테우스는 그의 발을 어머니인 대지(大地)에 디디고 있을 때에는 천하 무적으로 강력했으나, 헤라클레스 때문에 공중으로 끌어올려지게 되자 그 힘을 상실했다.

그와 같이 시인도 또한 현실이라는 대지를 떠나지 않는 한 강력하며 위대한 것이다. 그러나 공상에 빠져서 푸른 하늘을 헤매기 시작하자마자 무력해진다.

로망파

 * 그러나 우리 시대의 이 위대한 사명이란 무엇인가?

그것은 즉 해방인 것이다. 다만 아일랜드인·그리스인, 프랑크푸르트의 유대인, 서인도의 흑인 및 똑같이 압박을 당한 약소 민족뿐만 아니라, 전세계의 해방인 것이다. 특히 유럽의 해방은 우리의 사명인 것이다.

그런데 유럽은 성년에 달하고, 이제는 특권 계급이나 귀족 정치의 쇠사슬에서 벗어나고 있는 것이다. 그럼에도 불구하고 일부 자유를 배신하는 철학자는 수백만의 인간 2, 3천의 특권 귀족의 노예로서 태어났다고 하는 등 우리에게 증명하기 위해서 극히 교묘한 연대 논법을 만들려 하고 있는 것이다.

 그러나 그들은 볼테르가 말하듯이 인민은 등에 안장을 올려놓고, 귀족은 발에 박차(拍車)를 달고, 이 세상에 태어났다는 사실을 입증하지 않는 한, 이상 진술한 사실을 우리에게 납득시키지는 못하리라.

뮌헨에서 제노바로의 여행

 * '신(神)의 것은 신에게, 카이사르의 것은 카이사르에게 주어라!'—그러나 이러한 사실은 주어지는 데에만 적용할 수 있는 것이며, 빼앗는 데에는 적용할 수 없느니라. 사상과 경구

 * 우리는 우리 자신이 폐허(廢墟)와 같은 경우를 겪지 않으면 폐허라는 비참함을 이해하지 못하느니라.

사상과 경구

 * 인류는 같은 노력을 하였음에도 불구하고, 실현하지 못한 청춘 시대의 여러 가지 이상을 동정어린 미소로 응시하고 있는 것이다. 독일의 종교와 철학의 역사

푸슈킨

(Aleksandr S. Pushkin 러시아; 1799~1837)

사람은 누구나 실패 앞에서는 범인이다.

* 모든 남성은 사랑이 식으면 식을수록 오히려 여성에게 호감을 사게 된다. 그리하여 더욱더 유혹의 그물을 넓혀 잔인하게도 여성의 삶을 짓밟아 가는 것이다. 예프게니 오네긴

* 생활하며 사색(思索)하는 사람은 반드시 마음 속에서 인간이란 존재를 경멸하지 않을 수 없으리라.
예프게니 오네긴

* 어떤 연령층, 즉 연령의 고하를 막론하고 젊었든 늙었든간에 우리 인간은 사랑에는 마음이 무르기 짝이 없다. 그러나 특히 젊고 순진한 가슴 속에 간직하는 사랑은 좋은 열매를 맺게 한다. 예프게니 오네긴

* 단술이 가득 찬 술잔의 밑바닥을 말리지 않고 이 인생의 축제를 일찍부터 내버려 둔 사람은 행복하다.
에프게니 오네긴

* 이성(理性)을 지닌 동물은 한결같이 싫증을 느끼게 된다. 퍼스트

* 어느 한 여성에 대한 최초의 숭배자는 그녀의 심금을 울리지만, 제2, 제3의 숭배자는 거들떠보지도 않는다. 그것은 마치 전쟁의 초기에 있어서 최초의 부상자만이 사람들의 동정심을 불러일으키는 것과 같다. 수상

* 어느 여성이 남성 전체에 대하여 매도(罵倒)하고, 남성의 온갖 결점을 폭로했다 하더라도 그것에 대한 항의를 신청할 남성은 어디에도 없다.
그러나 어느 남성이 여성에 관해서 조금이라도 날카로운 비난을 한다면, 모든 여성이 일제히 일어나서 항의를 한다. 즉, 여성이란 국민의 일부나 종파의 일부를 형성하고 있는 것이다. 수상

* 천품을 타고나지 못한 학자는, 마호메트의 정신을 체득하기 위해서 코란을 잘게 썰어서 통째로 삼켰다는 가련한 회고승과 유사한 것이다. 에프게니 오네긴

 * 위대한 시인(詩人)들의 작품은 언제나 신선하며 영원히, 그리고 매우 젊디젊은 것이다. 그러나 고대의 천문학·물리학·의학·철학의 위대한 대표자들은 차례차례로 사라져 가고 후세의 사람에게 그 자리를 넘겨 주는 데 비해, 시가(詩歌)만은 자기의 자리를 떠나지 않고 언제까지나 그 젊음을 보전하고 있다.
수상

 * 정치적 자유 없이도 능히 생활할 수가 있다. 그러나 가정의 불가침이 보장되지 않으면 절대로 생활할 수 없다. 서한

 * 우리 인간 사회에서는 가정 생활의 의존은 인간을 보다 도덕적으로 지향하게 하지만, 공명심이나 궁핍에 강요당하는 의존은 품위를 낮게 한다. 서한

위 고

(Hugo, Victor Marie 프랑스; 1802~1885)

영감과 천재는 일심 동체이다.

  * '법률 앞에서의 평등'은 '신 앞에서의 평등'이라는 표현을 정치적인 용어로 번역한 것이다. 헌장(憲章)의 각 조항은 복음서의 번역이 아니면 안 된다.
1830년의 혁명가의 일기

  * 인간의 운명은 화강암보다도 굳다. 그러나 인간의 양심은 운명보다도 더욱 견고한 것이다. 석재의 산

  * '마리우스'는 인생과 인생 철학에 도달한 것으로 믿고 있었으며, 사실상 도달된 듯이 보였다. 그리하여 그는 이미 하늘 이외의 것은 아무것도 보지 않게 되었다. 하늘만은 진리가 그의 우물 밑바닥에서 볼 수 있는 유일한 것이었다. 그러한 것은 미래의 설계·계획·입장·기획을 차례로 세우는 데 방해는

되지 않았다. 이리하여 몽상상태(夢想狀態)에 있는 '마리우스'의 심중을 엿볼 수 있다면 사람들은 그의 영혼이 너무나도 순결하여 눈에 현기증을 느끼리라.

사실상 우리들 인간의 육안(肉眼)에 타인의 의식을 볼 수 있는 능력이 있다면 한 사람의 인간을 그의 사상으로서가 아니라, 그의 꿈에 의하여 판단하는 편이 훨씬 확실해질 것이다. 사상에는 의지가 있으나 꿈은 오로지 자연적으로 생기는 것이기 때문에 아무리 과장되고 이상적이라 할지라도 사람의 마음의 모습을 그대로 나타내고 멎게 한다.

화려한 생애만을 그리는 부당한 갈망처럼 우리들 마음 속까지 직접, 또는 성실하게 나타내는 것은 없다. 우리들의 몽상은 가장 우리와 비슷하다. 누구든지 자기 성미에 맞는 미지(未知)와 불가능을 꿈꾸게 마련이다. 레미제라블

* 법률과 풍습이 있기 때문에 사회의 규율에 의한 처벌이 존재하고, 문명의 한복판에 인위적인 지옥을 만들어 내고, 신께서 창조하신 인간의 문명을 인간의 손으로 보살펴 주시는 동안에는 또한 빈곤에 의한 남

성의 타락, 굶주림에 의한 여성의 타락, 무지(無知)에 의한 어린애의 위축이라는 현대의 세 가지 문제가 해결되지 않는 동안은, 또 여러 곳에서 질식하는 듯한 사회 생활을 볼 수 있는 동안은, 본서(本書)와 같은 성질의 책자도 무익하지는 않으리라. 레미제라블

휘트먼

(Walt Whitman 미국; 1819~1892)

나는 있다, 있는 그대로 충분하다.

* '저항은 충분하게, 복종은 조금만', 만일 무조건 복종만 한다면, 금방 완전한 노예가 된다. 미국

* 모름지기 널리 타인의 말을 경청(傾聽)함과 동시에, 필요한 것은 스스로 이를 여과(濾過)하고 얻지 않으면 안 된다. 나의 노래

* 나는 자기를 축복하고 자기를 노래하련다.
또 내 것은 모두 그대들의 것으로 해 버리련다. 풀잎

* 내 것은 모두 그대들의 것과 한가지이기 때문에 나는 동물과 함께 살 수 있으리라고 생각된다.
동물은 실로 평온하여, 자기 억제를 하고 있기 때

문에. 풀잎

  * 신성한 것이 있다고 하면, 인간의 육체야말로 신성한 것이다. 풀잎

  * 지혜는 학교에서 최종적으로 시험하는 것이 아니다. 풀잎

  * 지혜는 그것을 지닌 사람으로부터 지니지 않은 사람에게 전수(傳受)할 수 없다.
  지혜는 영혼의 것으로서 증거를 내세울 수 없다.
  그 스스로가 그 증거이다. 풀잎

  * 정복하고 인내하며 위험을 무릅쓰고 모험을 시도하면서 미지의 길을 걷는다.
  개척자여, 오오 개척자여! 풀잎

  * 사람은 신에 대하여 호기심을 품어서는 안 된다.
  나의 노래

  * 그 어느 누구도 타인을 위해서 자기의 소득(所得)

을 줄 수 없는 것과 같이, 그 어느 누구도 타인을 위해서 자기의 성장(成長)을 줄 수 없다. 회전하는 지구의 노래

  * 최선의 것을 말하기보다 더욱더 현명한 일은 항상 최선의 것은 말하지 않고 덮어 두는 일이다.
회전하는 지구의 노래

  * 위대한 도시(都市)라는 것은 가장 걸출(傑出)한 남녀를 가지고 있는 사실이다. 설사 두서너 채의 초가집밖에 없었다 하더라도 그것은 전세계에서 최대의 도시인 것이다. 대월의 노래

  * 모든 아름다움은 깨끗한 혈액과 훌륭한 뇌수(腦髓)로부터 발생하여 온다. 시집 서문

  * 인간의 집단이 인간을 불신하는 자에게 이끌리는 것을 보면 진심으로 가련하게 여겨진다. 소감

  * 농부가 씨를 뿌리고, 또 농부가 곡물을 거두어들이고 있는 것을 보면, 이와 유사한 일을 연상하게 된다. 즉, '삶'은 농사에 있어서의 경작이며, '죽음'은

그 귀결로서의 수확인 것이다.
농부의 밭갈이를 지켜보고 있을 때

 * 평등이란 것은 자기와 똑같이 타인들에게도 같은 기회와 권리를 부여하는 것이다. 감상

러스킨

(John Ruskin 영국; 1819~1900)

참된 위인의 최초 테스트는 그 겸손에 있다.

* 인간이 날 때부터 지니고 있는 것에는 세 가지가 있다. 즉 노동·비애·환희가 그것이다. 이 세 가지는 각각 그 비천함과 존귀함을 지닌다. 즉 천한 노동과 귀한 노동이 있고, 천한 비애와 귀한 비애가 있으며, 천한 환희와 귀한 환희가 있다.

그러나 제군은 이 세 가지가 천하게 타락하는 것을 피하기 위해서 그러한 것을 지니지 않으면 될 것이라고 생각해서는 안 된다. 그리고 어떠한 생활도 이 세 가지가 모두 갖추어지지 않았으면 정상적인 것이라고 할 수는 없다.

즉, 환희를 결여한 노동은 비천하고, 비애를 결여한 노동은 비천하며, 노동을 결여한 비애는 비천하고, 노동을 결여한 환희는 비천한 것이다. 때와 조수

* 다른 어떠한 일에 관해서 우리가 신앙을 가지지 않아도 여기에서는 문제 삼으려 하지 않으리라. 분명히 우리는 보통의 성실에 관해서 또 그것이 실제로 일을 하는 역량에 관해서 신앙을 잃고 있는 것이다. 그리고 신앙에 기인하고 있는 것이 실로 우리의 첫째 사명인 것이다. 그 후의 사람에게도

* 나는 다음 한 가지 위대한 사실을 명백히 말해두고자 한다. '생명 이외의 부귀는 있을 수 없다.' 라고. 생명에는 사랑과 환희와 감탄의 온갖 힘이 포함되어 있다. 즉 최대 다수의 고귀하고 행복한 인간을 배출하는 나라, 그 나라는 가장 부강한 나라이다. 자기 생명의 모든 기능을 극한에까지 완성시키며, 그것으로 또한 그 인격과 소유에 의해서 타인의 생명에 가장 광범한 영향력을 지닌 사람은 가장 부귀한 사람이다. 참으로 기묘한 경제학이기도 하다. 그러나 실은 이것만이 언제나 있었으며, 또 있을 수 있는 유일한 경제학인 것이다. 그 후의 사람에게도

* 전쟁에도, 부귀에도, 전제 정치에도 그들이 발견

하는 행복은 존재하지 않는다. ─그것은 단지 결실이 풍요하며, 자유롭고 고상한 평화에만 존재하는 것이기 때문이다. 그 꽃부리는 야생의 올리브로 만들었어야 했던 일을 그대는 숙고하라. 소탈하게 성장한 이 나무는 암석의 위를 선명한 빛깔의 꽃으로 싱싱하게 물들이지 않았으며, 다만 부드럽고 백설 같은 꽃으로, 회색의 잎과 가시가 있는 줄기에 섞여, 거의 여물지 않는 과실로써 장식할 뿐이다.

그러나 그러한 상태일지언정 그대는 그 꽃부리를 생명이 존속하는 동안에는 획득할 수 있다. 자유로운 심정·인자(仁慈)·확고 부동한 신뢰·보답된 사랑·타인의 편안한 상태, 그리고 타인의 고통에 대한 봉사, 그 위에는 그대의 머리 위에 푸른 하늘과 다리 밑 대지의 아름다운 샘물과 수많은 꽃들. 그리고, 생명을 지닌 것들의 헤아릴 수 없는 신비성과 존재들……. 들감나무의 꽃

보들레르

(Charles Baudelaire 프랑스; 1821~1867)

연애란 매춘의 취미에 지나지 않는다.

* 그대는 나에게 그대의 진흙탕을 주었노라. 그러나 나는 그것으로 금(金)을 만들었노라. <small>악의 꽃</small>

* 졸고 있는 짐승의 가슴 속에 천사(天使)는 자각하였노라. <small>악의 꽃</small>

* 나의 청춘은 암흑의 폭풍우였으나, 여기저기에 반짝이는 햇빛이 비추었도다. 우레와 호우(豪雨)로 황폐해지고, 나의 뜰에 남은 것은 겨우 빨간 나무의 열매뿐. <small>악의 꽃</small>

* 유행에서 그 연혁(沿革) 속에 포함한 시적(詩的)인 것을 떼어 놓고, 그 일시적인 것으로부터 영원한 것

을 밖으로 끌어내는 것이 문제인 것이다. 로망주의 문학론

　* 연애는 매춘(賣春)의 취미라 할 것이라. 더구나 아무리 고상한 쾌락이라도 매춘에 귀착되지 않는 일은 없다.

　연애란 무엇이냐? 자기에게서 도피하려는 욕구. 인간은 숭배하는 동물이다. 숭배란 자기를 희생하며 자기를 파는 것이다. 그러므로 연애는 매춘이다.

　연애는 관대한 마음으로부터 생기는지도 모르겠으나 결국 매춘의 취미인 것이다. 그러나 연애는 드디어 소유하고자 하는 취미에 의해 부패하는 것이다.

　연애는 자기로부터 도피하여 희생자와 결합되기를 희망한다. 승자(勝者)가 패자(敗者)를 대하는 것과 같아서, 정복자로서의 특권을 유지하고 싶어한다.

　여자를 에워싸고 있는 자의 쾌락은 자기가 보호자이며 소유자인 데에 있다. 자비와 잔혹(殘酷), 그러나 그러한 쾌락은 여자의 성(性)·아름다움·동물로서의 종속(種屬)으로부터 완전히 독립되어 있다.

　나는 이렇게 말하련다. 연애의 유일한 지상(至上)의 쾌락은 악을 저지른다는 확신 가운데 있다고. 그리고

남자나 여자나, 모든 쾌락은 악 가운데 있음을 날 때부터 알고 있는 것이다.

 연애 행위 가운데에는 고문이나 외과 수술과 아주 닮은 데가 있다. 적라(赤裸)의 마음

 * 미(美)의 연구는 예술가가 짊어지기 전부터 소리내어 외치는 결투이다. 파리의 우울

 * 한순간에 무한한 희열을 발견하는 자에게는 영원한 괴로움도 또한 그 아무것도 아닌 것이다.
파리의 우울

 * 희망을 가지면 가질수록 보다 나은 희망을 가지게 된다.
 일을 하면 할수록 보다 좋은 일을 하기도 하며, 더욱 일을 하고 싶어하기도 한다.
 생산을 하면 할수록 많이 생산하게 된다. 화전

도스토예프스키

(Fyador M. Dostoevskii 러시아; 1821~1881)

신이 존재하지 않는다면 내가 신이다.

* 행복이 어디에 있느냐 하는 것을 세상 사람들은 어떻게 생각하고 있을까? 콜럼버스가 행복을 느낀 것은 그가 아메리카를 발견했을 때가 아니라 그것을 발견하려고 했을 때이다.

그의 행복이 가장 절정에 도달한 순간은 필연코 신세계를 발견하던 바로 3일 전이었을 것이다. 승무원들이 폭동을 일으킴으로써 절망한 끝에 뱃머리를 유럽으로 돌리려던 때일 것이다.

여기서 문제는 신세계의 발견에 있는 것이 아니라, 그러한 것은 없어도 괜찮다. 콜럼버스가 신세계를 보지 못하고 죽어 버린 것과 같다. 사실상 그는 자기가 발견한 것이 무엇인지도 모르고 죽어 버렸다. 문제는 생활에 있는 것이다. 오로지 생활에만 있는 것이다.

즉, 행복은 생활의 끊임없는 탐구에 있는 것이며, 결코 발견에 있는 것은 아니다! 白痴

* 행복한 인간은 항상 선량하다. 미성년

* 인간에게는 행복 이외에, 그와 매우 같은 정도의 불행이 항상 필요하다. 惡靈

* 우리 인간이 불행한 것은 자기가 행복하다는 것을 알지 못하기 때문이다. 오직 그것만이 이유인 것이다. 惡靈

* 인간은 무엇이라도 길들여질 수 있는 동물이고, 또한 어떠한 일에도 익숙해질 수 있는 존재이다.
죽음의 집의 기록

* 인생에 있어서 무엇보다도 어려운 것은 ―거짓말하지 않으며 삶을 영위하는 일이다……. 그리고 자기 자신의 거짓말을 믿지 않는 일이다. 惡靈

* 만약 명예가 예술가의 주요하고도 유일한 원동

력이라면, 그 예술가는 이미 예술가라고는 말할 수 없다. 왜냐 하면 중요한 예술적인 본능, 결국 예술에 대한 사랑을 잃고 있기 때문이다. 네토치카 네즈바노바

* 가장 간단하고 가장 명료한 사상이야말로 가장 이해하기 어려운 사상이다. 미성년

* 진실한 진리라는 것은 항상 진리답지 않을 것이다. 惡靈

* 애정이 충일(充溢)한 마음 속에는 비애(悲哀)도 또한 많다. 작은 영웅

* 딸자식의 연애는 어머니에게는 죽음을 뜻하는 것이다. 카라마조프의 형제

* 감정은 절대적이다. 그 중에서도 질투는 이 세상에서 가장 절대적인 감정인 것이다. 아내와 침대 밑의 남편

* 여성! 여성이야말로 남성을 완성케 하는 유일

한 존재이다. 스테판치코프 촌(村)과 그 주민

* 여성의 마음이란 요즈음의 시대에 와서도 아직 알아볼 수 없는 깊은 연못이다. 惡靈

* 이 세상에는 연인 또는 정부(情婦)로서는 통용되지만, 그 외에는 아무 쓸모 없는 여성이 있다. 白痴

* 모든 타락 중에서 가장 경멸해야 할 것은 ─타인에게 의지하려는 태도이다. 미성년

* 우리 인간은 죽음을 두려워한다. 그것은 삶을 지극히 사랑하기 때문이다. 惡靈

* 인간은 비열한 인간으로서 삶을 영위할 수 없을 뿐만 아니라, 죽을 수도 없는 것이다. 즉, 인간은 아름다운 죽음을 맞이해야만 한다. 카라마조프의 형제들

입 센
(Henrick Iqsen 노르웨이; 1828~1906)

부부의 사랑은 그저 습관이다.

* 우리 국민의 민주적인 사회를 지향하는 노력은 칭송해야 한다. 그러나 그 때문에 우리의 사회는 부지 불식간에 무참한 천민의 집단이 되어 버렸다. 우리의 조국에서는 정신적 존엄성이라는 것은 차츰 소멸해 가고 있다. 브란드에게 보낸 편지에서

* **헤르멜** "당신은 집도 남편도, 자식도 다 버리고 간단 말이오! 그러면 당신의 가장 신성한 의무를 저 버리는 것이 되오."

노라 "당신은 무엇이 나의 가장 신성한 의무라고 생각하고 계시지요?"

헤르멜 "그것을 또 말해야 되겠소! 당신 남편에 대한, 자식들에 대한 의무가 아니고 무엇이오?"

노라 "나에게는 이 밖에도 이와 똑같은 신성한 의무가 있어요."

헤르멜 "그런 것이 있을 게 뭐요. 아니, 있다면 대체 그것이 무엇이란 말이오?"

노라 "나 자신에 대한 의무예요."

헤르멜 "당신은 첫째 아내이며, 어머니란 말이오."

노라 "이제 그런 것은 믿지 않아요. 나는 무엇보다도 먼저, 당신과 같은 인간이라고 믿고 있어요."

人形의 집

* **스토크만** 진리와 자유의 가장 위험한 우리의 적은 제멋대로 할 수 있는 다수라는 것입니다. 도대체 한 국가에 있어서 주민의 다수를 이루는 것은 어떠한 것이겠습니까?

그것은 영리한 것일까요, 그렇지 않으면 우매한 것일까요? 이처럼 넓은 전 세계에 걸쳐, 우매한 사람일수록 도처에 압도적인 대다수를 차지하는 것입니다. 그러나 어찌된 영문일까요? 우매가 현명(賢明)을 지배하는 것이 적당하다니! 이처럼 우스꽝스러운 이야기가 또 어디 있겠습니까!

그러나 유감스럽게도 다수는 힘을 가지고 있습니

다. 정의는 힘을 가지고 있지 않습니다. 정의를 가지고 있는 사람은 나 이외에 소수의 개인입니다. 소수야말로 항상 정의를 가지고 있는 것입니다. 民衆의 敵

*그레겔스 "베도비는 헛되이 죽지는 않았다. 너도 보았을 것이다. 이런 슬픔 때문에 그 아버지 마음 속의 숭고한 것이 머리를 쳐들기 시작하지 않았느냐."

레링그 "상복을 입고 유해(遺骸) 앞에 서면, 대개의 인간은 숭고해지는 법이지. 그러나 일 년이 채 지나기도 전에, 그 비명(碑銘)은 그 사내에게는 아름다운 낭독의 제목에 불과한 것이지. 더구나 감동과 자기 예찬과 자기 연민 속에 잠기게 될 거야."

그레겔스 "만약 그렇다고 하면, 인생이란 살 가치조차 없는 것이로군."

레링그 "아니 아니, 천만에, 인생이란 참으로 좋은 것이지. 다만 이상(理想)의 요구라는 것을 미끼로 우리들처럼 빈한한 사람에게 밀려 닥쳐오는 울며 겨자 먹는 격의 채권자에게 시달림을 받지만 않는다면 말이야." 들오리

톨스토이

(Lev Nikolaevich Tolstoi 러시아; 1828~1910)

질투는 사랑을 보증해 달라는 요구이다.

* 모든 사람은 자기를 위해서 생활하고, 자기의 개인적인 목적을 달성함에 필요한 자유를 향유하고 있다. 그리고 자기는 어떠한 행위를 할 수도 있으며, 혹은 하지 않을 수도 있다고 자기의 일생을 통해서 직감하고 있다. 그러나 그가 그 행위의 실행을 마치자마자 시간 속의 어느 순간에 행해진, 이 행위는 이미 회복할 수 없는 역사의 영유(領有)가 되는 것이다. 그리하여 역사의 범주 안에서는 어떤 행위로 자유롭지 못하게 되고, 선천적인 의의를 지니게 되는 것이다.

_{전쟁과 평화}

* 지나칠 정도로 순수한 희열이 있을 수 없는 바와 같이 순수한 비애도 있을 수 없는 것이다. _{전쟁과 평화}

* 동물적 자아 행복의 부정이야말로 인간 생활의 법칙이다. 인생론

* 만약 선이 원인을 지니고 있다면, 그것은 이미 선이 아니다. 만약 그것이 결과를 지닌다면, 역시 선이라고는 할 수 없는 것이다. 따라서 선은 인과 관계의 연쇄(連鎖) 밖에 있다. 안나 카레니나

* 예술을 올바르게 정의하기 위해서는 무엇보다 먼저 이것을 쾌락의 수단으로 간주하지 말고, 예술을 인간 생활의 조건의 하나라고 생각하지 않으면 안 된다. 예술을 이렇게 생각한다면 우리들은 예술이 인간 상호간의 교제상 수단의 하나라는 것을 부인할 수는 없을 것이다.

어떠한 예술 작품도 그것을 받아들이는 자는 그것을 만들어 낸 자, 또는 만드는 과정에 있는 자나, 자기와 같이, 또는 자기보다 먼저, 혹은 자기보다 나중에 동일한 예술적 인상을 받은 또는 점차 받을 모든 자와 어떤 종류의 교제 관계에 들어가는 것이다.

인간의 사상과 경험을 전하는 언어는 사람과 사람

을 결부시키기 위한 수단이지만, 예술 작용도 이와 똑같은 것이다. 이러한 교제 수단을 언어에 의한 교제 수단과 구별하는 특징은, 언어로써는 한 사람이 다른 사람에게 자기의 사상을 전할 수 있으나, 예술로는 사람들이 서로 자기의 감정을 전할 수 있다는 것이다.

예술의 작용은 인간이 청각과 시각을 통하여 타인의 감정이 나타남을 포착할 때, 그 감정을 표현한 사람이 경험한 것과 같은 감정을 경험하는 능력을 가지고 있음에 유래하고 있다.

관객이나 청중이, 각자가 경험한 감정에 감염되기만 하면 그것은 예술이 된다.

한번 경험한 감정을 자기가 되살려 일으키는 것, 그리고 그것을 자기에게 되살려 일으킨 후에 운동이나 선(線)이나 색채 음(音)·언어로써 표현되는 형상에 의하여 그 감정을 전하고, 타인도 같은 감정을 경험할 수 있도록 하는 것이 바로 예술의 작용이다. 한 사람이 의식적으로 어떤 외면적인 기호에 의하여 자기가 경험한 감정을 다른 사람에게 전하고, 다른 사람이 그 감정에 감염되어 그것을 체험한다. 예술은 이러한 인간의 작용인 것이다.

  예술은 형이상학자의 말과 같이 무엇인가 신비적인 관념, 예를 들면 미(美)나 신과 같은 것의 현현(顯現)도 아니며, 생리적인 미학자의 말과 같이 인간이 축적하였던 여분의 에너지를 배출하기 위한 유희도 아니며, 외면적인 기호에 의한 정서의 노출도 아니며, 쾌감을 주는 물건의 생산도 아니며, 더구나 쾌락도 아니다. 그것은 개인이나 인류의 생활에 있어서나, 선을 위한 운동에 있어서나, 뺄 수 없는 인간 교제의 수단이며, 사람들은 같은 감정으로 결합시키는 수단인 것이다. 예술이란 무엇인가

마크 트웨인

(Mark Twain 미국; 1835~1910)

화가 나면 넷을 세라, 매우 화가 나면 맹세하라.

　* 굶주리고 있는 개를 돌보아 행복하게 해 준다면, 개는 사람에게 달려들어 물고 늘어지지 않을 것이다. 이것이, 즉 개와 인간과의 첫째 상위(相違)한 점이다.
얼간이 윌슨―개

　* 나는 운명이란 언어를 가장 싫어한다. 그것은 허위(虛僞)를 의미하기 때문이다. 자서전―문명

　* 그대의 이상인 정상(頂上)을 향하여 꾸준히 한 걸음 한 걸음 높이 나아가라. 그러면 그 행위의 결실은 최고의 쾌락을 발견하기도 하고, 자기를 만족시킴과 동시에 반드시 이웃 사람과 사회에 복지를 가져오게 하리라. 인간이란 무엇인가―이상

* 친밀감이 지나치면 멸시를 초래한다.—그리고 어린애도. 지나친 친밀—일기.

* 고양이와 거짓말과의 상위(相違)한 점의 하나는 고양이의 생애는 9년이라는 사실이다.
얼간이 윌슨—거짓말

* 진리는 우리가 지니고 있는 것 가운데에서 가장 가치 있는 것이다. 그러므로 절약하도록 합시다.
얼간이 윌슨—진리

* 주름살이란 이전에 미소(微笑)지은 자리를 나타내는 것뿐이라면 다행일 텐데. 얼간이 윌슨—주름살

* 사람이 가장 많이 코를 푸는 것은, 교회를 제외한다면 장례식을 거행할 때이다. 허클베리 핀—장례식

* 돼지는 잠자리가 차가워서 기분이 상쾌하므로 교회를 즐기는 셋이다. 얼간이 윌슨—인간

R. L. 스티븐슨
(Robert Louise Stevenson 영국; 1850~1894)

희망은 영원한 기쁨이다.

* 인간은 빵만으로 살지 않고 주로 표어로 사는 피조물이다. 소년 소녀를 위하여

* 장난감과 먹을 것을 적이 많은데도 더럽고 단정치 못한 어린이는, 틀림없이 장난꾸러기가 아니면 그의 아비가 부족하기 때문이다. 體制

* 만일 인간이 용감한 행동을 하는 것이 명성 때문이라면 그들은 결국 어리석은 자들에 지나지 않는다.
영국의 제독들

* 모든 사람은 무엇인가를 팔아서 생활한다. 거지

* 청춘은 전적으로 실험적이다. 젊은 신사에게 보낸 편지

* 설령 의사가 너에게 1년을 주지 않아도, 설령 그가 약 1개월이라고 머뭇거리며 말해도, 일주일 안에 성취시킬 수 있는 것을 찾아 용감히 밀고 나아가라.
소년 소녀를 위하여

　* 인생은 방방 곡곡에서 스스로 손해보는 것이라곤 없으며, 자기 자신을 잊어버리는 것이 행복하다.
회상과 초상

　* 행복해져야 하는 의무만큼 우리가 과소 평가하는 의무는 없다. 게으름뱅이를 위한 변명

　* 결혼 생활은 이 점, 즉 ─그것은 싸움터이지 장미 꽃밭이 아니라는 점에서 인생과 같다.
소년 소녀를 위하여

　* 결혼이란 그처럼 중요하고 결정적인 일이어서 가볍고 변덕스런 남자들은 그런 엄숙함 때문에 이에 이끌린다. 소년 소녀를 위하여

　* 가장 지독한 거짓말은 종종 침묵 속에서 나온다.
소년 소녀를 위하여

　* 상처 입은 사람이 당신의 마음을 읽을 수 있다면

그는 당신을 이해하고 용서할 것이라 확신해도 좋다.
사교의 진실

* 얼음은 쇠와 용접될 수 없다. 허미스른 강 둑

* 사람들이 아첨할 때는 날씨가 대개 맑다.
소년 소녀를 위하여

* 우리가 사랑하는 한 봉사하며, 우리가 타인의 사랑을 받는 한 우리는 필요 불가결한 존재라고 나는 말하고 싶다. 따라서 누구든 친구가 있는 한은 무용지물이 아니다. 평야를 건너

* 희망에 차서 여행을 떠나는 것이 도착하는 것보다 더 좋다. 소년 소녀를 위하여

* 이른바 자기 일에 대한 끊임없는 헌신은 다른 것들을 끊임없이 무시함으로써만 유지된다.
소년 소녀를 위하여

* 백만 장자로 태어나는 것보다는 조개 껍질을 모으는 취미를 갖는 것이 아마 더 행운일 것이다.
俗人의 도덕

모파상

(Guy de Maupassant 프랑스; 1850~1893)

애국주의란 계란에서 전쟁이 부화된다.

* 만일 한때의 덧없는 행복을 다시 돌이킬 수 없는 추문(醜聞)이나 참혹한 눈물로써 보상해야 할 염려가 없다면, 얼마나 많은 여성들이 순간적인 욕망이나, 갑자기 생기는 격렬한 변덕스러움이나, 사람을 그리워하여 우발적으로 발생하는 나쁜 마음에 그대들의 신체를 내맡기려고 날뛸 것인가. 벨아미

* 대단히 짧고, 또 대단히 긴 인생은 때로는 견디기 어려워진다. 즉, 인생이란 종국에는 죽음을 놓고 항상 보편적으로 추이(推移)해 가는 것이다. 인간은 이 죽음을 말리지도, 바꾸지도, 이해하지도 못한다.

그리고 사람들은 자주 자기의 무력함에 분격하여 반역을 시도하는 것이다. 우리는 무엇을 하든간에 죽

는 것이다. 즉, 무엇을 신봉하거나, 무엇을 고찰하거나, 무엇을 꾀하거나간에 우리들은 때가 되면 죽게 된다. 더구나 알고 있는 모든 사실에 대해서 몹시 싫증을 내면서도, 아직 아무것도 알지 못하며 죽어가는 듯한 생각이 든다. 그와 같이 하면 '세상 만사의 영원한 비참상'이나, 인간의 무력함이나, 행위의 단조로움 따위의 감정하에 짓눌리는 듯한 느낌이 드는 것이다. 태양 밑에서

* 여러분, 도시 사람들은 하천이 어떠한 것인지를 잘 모르십니다. 그러나 어부(漁夫)가 하천이란 말을 입에 담는 것을 들어 보십시오. 그들에 있어서는, 하천은 신비롭고 심연(深淵)하며, 도무지 알 수 없는 것입니다. 그것은 망상과 환상(幻像)의 국가입니다. 그곳에는 밤중이 되면 존재하지 않는 것이 보이고, 무엇인지 알 수 없는 어떤 소리가 들려 오며, 마치 묘지를 가로질러 갈 때와 같이 왠지 모르게 공포심에 떨게 됩니다. 즉, 하천은 기분 나쁜 묘지입니다. 왜냐하면 묘가 없는 묘지이기 때문이지요. 水上

* 우리는 뜻밖의 사람을 만나서 어느 사건을 엿듣고, 사람에게 숨겨져 있는 비애와 운명의 무정함에 연민의 정으로 흥분하기도 하고, 복잡하며 치료 방법이 없는 정신적인 고뇌를 엿보는 경우도 있다.

더구나 그것은 얼핏 보기에 남다를 바 없이 보이는 만큼 더욱 뿌리깊이, 거의 포착하기 어려운 까닭에 더욱더 참혹하고, 고의적인 것같이 생각됨으로써 잊을 수가 없어지는 것이다.

이와 같은 상봉은 우리의 마음 속에 슬픔을 안겨 주며, 신산(辛酸) 고초를 남기고, 언제까지라도 추방할 수 없는 환멸감을 느끼게 해 준다. 태양 밑에서

D. H. 로렌스

(David H. Lawrence 영국; 1885~1930)

사랑의 본질은 개인을 보편화하는 데 있다.

* 식물이 화분에 속박되듯이 인간다운 자아에게 속박되어, 제한된 자아의 의식 속에 갇혀 있다.
자아에 속박되어

* 악(惡), 무엇이 악이냐?
다만 하나의 악이 있다. 생명을 부정한다는 그것.
사이프러스

* 삶을 이어가면서 우리는 생명을 전달한다.
그리고 생명을 전달하지 못하게 되면, 약동하는 생명은 우리의 혈관 속을 흐르지 않으리.
그것이 성(性)의 신비 중 하나다. 생명은 흐르고, 흐르는 강물이기 때문에 성(性)을 잃은 자는 아무것도 전달하지 못하리라. 우리는 전달자다

* 적당한 성의 자극은 인간의 일상 생활에서 귀중한 것이다. 그것이 없으면 세상은 잿빛이 되고 말리라. 나는 모든 사람에게 르네상스의 경쾌한 얘기를 듣고 읽어 주기를 바란다. 우리들의 현대의 문명병적인 과대 망상을 헐어 버리는, 필요한 것이기 때문에.
외설 문학과 외설성

　* 남성의 궁극적인 최대의 욕망은 위대한 목적이 있는 행동을 구하는 욕망이라고 나는 확신한다. 남성은 뿌리깊은 목적인 창조적 활동을 상실하면 당황하고, 활동 방향을 잃는 것이다. 무의식의 幻想

　* 그리고 지금 봉사하라, 여성이여! 여성이 하듯이 봉사하라, 묵묵히.
　나도 또한 닥쳐오는 신비에 봉사하고, 그것과 싸우지 않으면 안 되기 때문에. 귀부인

　* 우리들의 시대는 본질적으로 비극적인 시대인 것이다. 그래서 우리는 그것을 비극적으로 받아들일 것을 거부하고 있다.
　커다란 변동이 일어났다. 우리들은 폐허(廢墟) 속에

있다.

우리들은 새로 작은 집을 짓기 시작하였으며, 새롭고 작은 희망을 지니려 하고 있다.

그것은 꽤 어려운 일이다. 미래에 통하는 순탄한 길은 이제 없다. 그러나 우리는 장애물이 있으면, 길을 돌아가거나 뛰어넘거나 한다. 즉, 우리는 아무리 많은 고통이 뒤따라온다 할지라도 악착같이 운명을 이어가야만 하는 것이다.

이것이 대체로 콘스탄스 채털리의 처지였다. 전쟁 때문에 지붕이 그녀의 머리 위에 내려앉았던 것이다. 그리하여 그녀는 비로소 사람은 삶을 이어가면서 배우지 않으면 안 된다는 교훈을 자각하고 있었다.

채털리 부인의 사랑

체호프

(Anton P. Tchechov 러시아; 1860~1904)

결혼 생활에서 가장 중요한 것은 인내이다.

* 무릇 교양 있는 인간을 나로 하여금 정의하라면, 다음의 여러 조건을 내세우겠습니다.

①그들은 타인의 인격을 존중하고, 따라서 항상 관대하며 유순하고 은근하며 겸손하다.

②그들은 거지나 고양이에게만 동정을 베풀어서는 안 된다. 그들은 눈에 보이지 않는 것에도 항상 마음을 기울여야 한다.

③그들은 타인의 재산을 존중하고, 그러므로 빌려 온 금전을 밀리게 하지 않는다.

④그들은 정직하고, 거짓말을 가장 두려워한다. 어떠한 조그만 일이라도 결코 거짓말을 하지 않는다. 왜냐 하면 거짓말은 상대방을 모욕하며, 말하는 사람을 비천하게 만들기 때문이다.

⑤그들은 타인의 동정을 받기 위해서 자기 자신을 멸망하게 하는 흉내는 내지 않는다. 또, 타인의 한숨이나 친절을 기대하고, 타인의 마음에 심금(心琴)을 울리게 하지도 않는다.

⑥그들은 절대로 허영심을 갖지 않는다.

⑦그들은 만일 우수한 재능을 지니고 있다면, 그 재능을 귀중하게 간직한다. 그리하여 그 재능을 위해서는 안일도, 주색도 허영도 모두 희생한다.

⑧그들은 항상 자기의 교양을 닦기 위해서 내부에 미학(美學)을 키워 나아간다.

등등 이것이 교양 있는 인간인 것입니다. 교양이 항상 몸에 배고 자기가 놓여진 환경의 레벨에서 뒤떨어지지 않기 위해서는, 디킨스의 소설을 읽거나, 포스터의 대사를 암송하는 정도로서는 안 됩니다.

즉, 그러기 위해서는 주야(晝夜)로 방심하지 않는 꾸준한 노력과 끊임없는 독서와 면학과 굳센 의지가 필요합니다. 따라서 한 시간 한 시간이 아주 귀중한 것입니다. 1888년 니콜라이에게 보낸 편지

* 나는 글 가운데에서 경향을 구하여 나로 하여금

어떻게 하든지, 자유주의자나 보수주의자의 어느 쪽으로든 정해 버리려는 사람을 두려워합니다. 나는 자유주의자도 보수주의자도 점진주의자도 수도승도, 무관심주의자도 아닙니다. 나는 자유스러운 예술가가 되고자 할 뿐입니다. 그리고 신이 나를 그 중의 한 사람이 될 수 있는 힘을 내려 주시지 않은 것을 퍽 섭섭하게 생각합니다.

   나는 상호(商號)나 레테르를 편견이라고 봅니다. 내가 가장 신성하다고 보는 것은 인체·건강·지성·재능·영감·사랑, 그리고 절대적인 자유—비록 어떠한 형식을 취하였다고 하더라도 일체의 폭력과 행위로부터의 자유입니다. 이것이 만일 내가 대예술가라고 한다면 순종하려하는 강령입니다.

1888년 10월 N. 아프렌시체프에게 보낸 편지

메테를링크

(Maicrice Maeterlink 벨기에; 1862~1969)

인생의 행복은 우리 몸 가까이에.

　＊말을 한다는 것은 시간적인 본질을 지칭하는 것이며, 침묵은 영구적인 본질을 지칭하는 것이다. 사랑이 침묵을 지닐 수 있다면, 영원한 맛이라든가 향기를 지니지 않으리라. 貧者의 보배

　＊우리는 누구나 그 생애의 최대 부분을 이제까지 아직 발생하지 않은 단 하나의 사건, 즉 죽음의 그늘에서 보내고 있지나 않은지? 다만 순간적으로, 그것도 말하자면 멍청하게, 우리는 진실한 삶을 영위하는 것이다. 貧者의 보배

　＊인간은 언제라도 바로 현혹을 벗어나 진리를 깨닫는군요！ 그렇지만 깨달은 진리가 무엇인지, 그것

은 알지 못하네요. 제3의 시녀의 말

 * 자기 자신의 생활 방식을 달리 바꾸는 것 이상으로 중요한 것은 자기 자신의 생활을 보고, 진실하게 깨닫는 일인 것이다. 貧者의 보배

 * 우리는 우리의 운명의 별을 지켜볼 수밖에 달리 도리가 없는 것이다……. 즉, 우리의 운명의 별이라는 것은 대양(大洋)의 힘 전부로써도 그것을 어떻게 달리 바꿀 수 없는 것이다.
 커다란 모험적인 비극보다도 훨씬 실제적이고, 훨씬 깊으며, 또 우리 인간의 참다운 존재에 훨씬 적합한 것 같은 일상적 성질의 비극이란 것이 존재하고 있다. 그런데 우리는 그것을 느끼는 것은 용이(容易)하지만, 그것을 보여 주는 것은 용이하지 않은 것이다. 貧者의 보배

 * 자기의 이웃 사람을 항상 똑같은 깊이에서 사랑한다는 것은 타인을 진심으로 영원히 사랑하는 것과 같다. 貧者의 보배

* 선의(善意)와 사람에 있어서 맹목적인 정도가 클수록, 그만큼 그들은 '운명의 여신의 마음마저도 감동하게 하는 힘을 지니게 될 것이다.' 貧者의 보배

* 세상에서 가장 불행한 사람들이나 가장 빈한한 사람들도 그들의 존재 의식의 본심에 맞붙을 수 없는 아름다운 보물을 포장(包藏)하고 있다. 그것을 펴내는 습관을 몸에 배게 하는 것만이 중요한 문제이다.
貧者의 보배

* 여성은 우리 남성보다, 자기 운명에 따라서 우리 인간 영혼의 가장 순수한 것을 이 지상에서 보존하고 있는 것은, 역시 여성들인 것이다.
 아니! 저것이 꼭 우리들이 찾아 헤매던 파랑새가 아니냐. 우리들은 대단히 먼 곳까지 찾아 헤맸지만, 사실은 늘 여기에 있었구나! 즉, 인생의 행복이란 언제나 우리의 몸 가까이에 존재하고 있음에도 불구하고 우리 인간들은 행복을 추구하기 위해서 쓸데없이 헤매고 있는 것이로구나. 파랑새

에머슨
(Ralph Waldo Emerson 미국; 1803~1882)

인생의 가장 훌륭한 것은 대화이다.

* 인간은 모두 탐험의 항로를 노 저어 가는 발명가들이다. 미정리 강의록

* 인간은 여러 관계의 뭉치요, 여러 뿌리의 매듭이요, 그 꽃과 열매는 이 세상이다. 수필집

* 개인의 집은 임금도 침입할 수 없는 성곽이다. 영국인의 국민성

* 사람은 누구나 마음의 집을 마련하지만 나중에는 그 집이 마음을 가둬 버린다. 처세론

* 사람들은 그들의 악덕에서 생기는 해독으로부터 구원받기를 원하지, 그 악덕으로부터 구원받고 싶어

하는 것은 아니다. 수필집—경험

* 인생은 제한 없는 특권이며, 네가 너의 차표 값을 치르고 차에 오를 때 너는 얼마나 좋은 동료를 거기서 찾을지 짐작할 수 없다. 처세론

* 자연은 그림의 가장 훌륭한 부분을 그리며, 조각의 가장 훌륭한 부분을 조각하며, 집의 가장 훌륭한 부분을 지으며, 웅변의 가장 훌륭한 부분을 말한다. 수필집

* 인생이 자연의 끝까지 진실할 때 진실의 강물은 노래하며, 우리들 사이를 굴러갈 것이다.
문학과 사회적 목적

* 남자의 종결은 수고해서 이루어지고, 여자는 동정받아 똑같은 데 도달한다. 처세론—미

* 명성은 젊은이에게 광채를 주고, 주름진 피부와 회색빛 머리칼(노인)은 위엄을 준다. 처세론—미

* 세상의 여론에 따라 세상에서 살기는 쉽다. 우리 자신의 생각대로 고독하게 사는 것도 쉽다. 그러나 위대한 사람은 바로 군중의 한 가운데서 완전한 즐거움으로 고독한 독립을 지키는 사람이다. 수필집

* 위인은 결코 기회가 없다는 불평을 하지 않는다. 일기

* 진실의 위반은 모두 거짓말하는 자에게 있어서 일종의 자살일 뿐 아니라, 인간 사회의 건강에 하나의 칼질이다. 수필집

* 오늘날 인간의 마음을 괴롭히는 질병은 신념의 결핍이다. 수필집

* 너 자신 이외에 너에게 평화를 가져다 줄 수 있는 것은 없다. 수필집

* 하인은, 우리가 우리 자신의 마음을 읽는 렌즈다. 대표적 인물

* 사회의 독충은 이기주의이다. 처세론

* 아름다운 몸매가 아름다운 얼굴보다 낫고, 아름다운 행실이 아름다운 몸매보다 낫다. 아름다운 행실이야말로 예술 중에서 가장 아름다운 것이다. 수필집

* 결혼한 자만이 다스릴 것이요, 애써 일하는 자만이 가질 것이다. 자연과 강의

* 사회는 일종의 가면무도회이다. 그 속에서 모든 사람은 자신의 참인격을 숨기고 숨김으로써 참인격을 폭로한다. 자연과 강의

* 인생은 하나의 실험이다. 실험이 많아질수록 너는 더 좋은 사람이 된다. 자연과 강의

* 아름다움의 사랑은 취미요, 아름다움의 창조는 예술이다. 자연과 강의

* 재능만으로는 작가가 될 수 없다. 대표적 인물

* 정력은 시각을 지배하고, 사상과 감정은 시대를 지배한다. 일기

* 문명인은 대형 마차를 만들어 냈으나, 자기의 두 다리는 못 쓰게 했다. 수필집

* 왕좌에 앉아 있는 자가 왕이 아니라, 통치할 줄 아는 자가 왕이다. 사회와 고독

안데르센

(Hans Christian Andersen 덴마크; 1805~1875)

모든 인간의 일생은 신의 손으로 그려진 동화이다.

* 나에게 있어서 여행은 정신적 젊음을 되찾는 셈인 것이다. 메디아의 음식물과 같이 여행은 나의 기분을 젊게 해 준다.

그리하여 나는 자주 여행에 떠나고 싶은 충동을 느낀다. 그것은 결코 어느 비판가가 나의 '비사'에 관해서 말한 바와 같이 작품의 자료를 수집하기 위해서 여행을 떠나는 것은 아니다. 작품의 재료는 나의 마음 속에 짧은 인생으로선, 다 감당하기 어려울 정도로 잇달아 솟아 나오고 있다.

그러나 자료의 성숙해짐을 기다려서 생생하게 문장에 나타내려면 신선한 기분이 필요하다.

나에게 있어서는 여행하는 생활이야말로 이제 말한 바와 같이 상쾌한 샤워와도 같다. 그렇게 함으로

써 나는 아주 생기발랄한 젊음을 지니고 돌아오게 되는 것이다. 내 생애의 이야기

　* 이탈리아는 꿈과 미(美)의 나라입니다. 따라서 이탈리아를 묘사하려면, 현재 그 나라의 풍경을 감상해야 합니다. 또 그 나라의 공기를 마셔 보아야 합니다. 그것은 더 없이 순결한 키스인 것입니다. 저녁놀은 그야말로 불꽃이 가득한 불바다와 같습니다. 그러한 가운데에 엷은 초록색의 구름이 소나무의 열매처럼 감돌고 있습니다.

　이 곳에서는 외박의 하루하루가 나의 생애의 한 달에 필적합니다. 그 하루하루가 정신적 안목을 예리하게 합니다. 또 라파엘의 천사와 대리석의 장엄함은 나의 미감(美感)에 말을 걸어 옵니다. 나는 다만 보고 느낄 뿐이며, 한치도 손으로 만지지 않습니다.

　이 곳에는 온갖 재료가 있습니다. 그러나 태양 가운데 서 있으면서 어떻게 태양을 묘사할 수가 있을까요? 그렇지만 어쨌든 이루어지겠지요. 지금도 이미, 내가 로마에서 태어나서 이 곳에서 줄곧 생활해 온 것같이 느껴지기 때문에 더욱 그렇습니다.

　그와 같이 모든 것이 또한 모든 민중의 생활이 나

에게는 구면(舊面)과 같이 생각되는 것입니다.

즉, 당나귀에 올라탄 수도사나, 오렌지를 산더미같이 쌓아 놓고 팔고 있는 여자, 과일을 파는 여인들도 서민들의 맞붙음도…… 모두가 낯익어 보입니다. 서한

롱펠로

(Henry Wadsworth Longfellow 미국; 1807~1882)

예술은 길고, 시간은 흘러가네.

* 예술은 길고 시간은 흘러가네.

우리들은 씩씩하고 용감하지만, 심장의 고동은 북을 두드리는 묘지에의 장송 행진곡이라네.

이 세계의 넓디넓은 전쟁터에서 이 인생의 야영 진지에서 가축과 같이 묵묵히 쫓기지 않고 감연히 싸우는 영웅이 되리라.

위인의 생애가 교훈을 보여 주고 있도다, 우리에게도 고상한 생애를 보낼 수 있으리라는.

이 세상을 하직할 때에 당신의 모래 위에 발자취를 남겨 놓은 것을.

이 발자취를 보면, 아마도 누군가가 인생의 장엄한 대해를 항해하였으리라.

다만 혼자서 난파할 적에도 용기를 다시 되찾게 되

리라. 인생의 노래

　＊ 세계를 공포로 가득하게 하는 힘의 절반이라도 병영(兵營)과 법정에 충당하는 재물의 절반이라도 인간의 마음을 과오(過誤)에서 구제하기 위해서 사용한다면, 병기고나 요새의 필요성은 없어지리라.
스프링필드의 병기고

　＊ 시위의 활에 대한 관계야말로 여성이 남성에 대한 관계와 같구나.
　여성은 남성을 끌어당겨 굽히게 하되, 남성을 양과 같이 쫓는구나.
　여성은 남성을 끌어당기되, 남성을 양과 같이 따르는구나.
　자기의 적이 품고 있는 심중(心中)의 비밀을 간파(看破)할 수 있다면, 그 생활이 얼마나 비애와 고속에 품었던 적개심(敵愾心)도 일시에 무력하여질 것이다.
유목

　＊ 만일 나에게 사랑을 구할 자격이 없다면, 물론 사랑을 쟁취할 자격도 없다. 마일즈 스탠디시의 구혼

디킨즈

(Charles Dickens 영국; 1812~1870)

사고는 가장 순조로운 가정에서 일어날 것이다.

* 이 세상에서의 입신 출세는 실수입이 증가한다는 점과는 별도로, 이 출세와 연관된 웃옷과 조끼에서 독특한 가치나 위험을 발생하게 하는 것이 있다. 육군 원수에게는 군복이, 주교에게는 비단의 앞치마가, 변호사에게는 비단 가운이, 교구장(敎區長)에게는 삼각모가 주어져 있다.

그러나 주교로부터 모자나 앞치마를 빼앗아 치워 버린다. 도대체 그들은 어떻게 되겠는가? 역시 그들은 인간인 것이다. 단순한 인간에 지나지 않는다.

우리에게는 위험이나 신성함마저도 때로는 사람들이 상상하는 이상으로, 웃옷이나 조끼가 그 위험과 신성함을 더욱 가치 있게 한다. 올리버 트위스트

* 어떠한 역사에도 기록되어 있지 않으나, 날마다 괴로움을 당하고 있는 자 가운데에 가장 괴롭지만 훌륭하게 견디어 내고 있는 시련이 있다는 사실을 나는 왜 아직 배우지 못했을까. 골동품

* 제너럴 부인에게 불유쾌한 것은 아무것도 말해서는 안 되는 것이었다. 사고 · 비참 · 범죄 따위의 이야기는 그녀의 앞에서 말해서는 안 된다.

정열은 제너럴 부인의 앞에서는 잠을 자며, 피는 밀크와 물로 변하지 않으면 안 된다. 이들을 모두 공제하고 그 뒤에 남은 세계를 제너럴 부인은 아름답게 치장하는 것이었다. 리틀 드리트

* 내가 가장 많이 다니던 곳은 메이돈 가에 있던 다방과 지금은 없어졌으나, 한가퍼드 시장의 이웃 뒷골목에 있던 한 가게였다. 그리고 성 마틴 가에 있던 것도 있었다. 그런데 그 가게에 관해서 단 한 가지 기억하고 있는 것은 교회의 곁에 있었고, 문짝에는 타원형의 유리가 끼워져 있었으며, 길을 지나가며 볼 수 있게 커피룸(Coffee-Room)이라고 씌어져 있었

던 일이다.

  요즈음 다른 다방에 들어가도, 유리에 그 문자가 씌어져 있어, 그것을 안 쪽에서 반대로 mooR-eeffoC라고 읽으면, (그 무렵, 침울한 생각에 잠겨 자주 읽었다.) 나의 혈관 속에 차가운 것이 용솟음친다.
자서전(단편)

  * 이 세상에 나만큼 충실하고 몰아적(沒我的)인 연애를 한 사람은 없다고 확신합니다. 나의 온갖 공상도 꿈도 정력도 정열도 동경(憧憬)도 결단도, 모든 것을 나는 한 사람의 무정하나 사랑스러운 부인—그대—으로부터 잘라 버릴 수가 없었습니다…….

  나는 온갖 가난과 무명의 상태에서 인생의 행로를 개척해 나아갈 적에도 언제나 나는 그대의 환상(幻像)을 마음에 간직하고 있었습니다……. 나는 그대의 이름을 들으면, 언제라도 나의 마음은 지난날의 어리석은 풋내기 시절에 나에게 있어서 전세계를 대표하고 있던 한 여인에게 바친 깊은 진실을 불쌍히 생각하고, 또 존경하는 기분으로 충만하게 됩니다. 그 이후 나는 그대가 나를 비참하게도 행복하게 해 주신 무렵만큼 선한 인간은 아니었습니다. 자서전 (단편)

도로

(Henry Thoreau미국; 1817~1862)

사랑과 돈과 명예보다는 내게 진실을 달라.

* 사람은 가장 값싼 쾌락을 즐기는 사람이 가장 큰 부자이다. 일기

* 사람은 자기가 내버려 둘 수 있는 물건의 수에 비례하여 부유하다. 숲속의 생활

* 설탕의 미각에 주는 쾌감은 소리〔音〕가 건강한 귀에 주는 쾌감보다는 못하다. 일기

* 미덕과 악덕 사이에는 결코 한순간의 휴전도 없다. 선은 결코 실패하지 않는 유일한 투자이다.
숲속의 생활

* 자기의 생애를 의식적인 노력에 의하여 향상시

키는 인간의 확실한 능력보다 더 고무적인 사실을 나는 알지 못한다. 숲속의 생활

* 새처럼 사람이 털을 가는 계절은 인생의 위기임에 틀림없다. 숲속의 생활

* 모험심과 신념이 부족한 한, 인간들은 농노(農奴)처럼 자기들의 생명을 사고 팔고 소비하면서 자기들이 있는 곳에 내내 있다. 숲속의 생활

* 나는 집에 세 개의 의자가 있다.
하나는 고독을 위한 것이요, 둘째 것은 우정을, 셋째 것은 교제를 위한 것이다. 숲속의 생활

* 태양과 보조를 맞추어 탄력 있고, 활력 있는 생각을 할 수 있는 사람에게는 낮이란 영원한 아침이다. 숲속의 생활

* 사물이 변하는 것이 아니라, 우리가 변한다.
숲속의 생활

* 꽃에 관한 매력의 하나는 꽃의 아름다운 보존이다. 일기

* 진실을 말하는 데에는 두 사람이 필요하다. 한 사람은 말하는 사람이요, 또 한 사람은 듣는 사람이다. 콩코드와 메리맥 강에서 한 주일

* 밥벌이하는 과정에서 결백을 잃기보다는 당장에 굶는 편이 낫다. 일기

* 어떤 사람은 말하는 데서 거짓말을 하여 오명을 얻고, 어떤 사람은 태도에서 거짓말을 하여 명성을 얻는다. 일기

* 무모한 일을 하지 않는 것이 지혜의 특성이다.
숲속의 생활

* 우리는 과실 없이 잘 할 수는 없다. 과실은 덕행을 쌓아 가는 길이다. 일기

* 사람이 꿈의 방향으로 자신 있게 전진하고, 자기

가 상상하며 생활을 살아가려고 노력하면, 그는 어느 땐가 뜻밖에 성공을 하게 될 것이다. 비록 공중에 누각을 지었을지라도 너의 노력은 헛되지 않을 것이니, 이제 그 밑에 기초를 쌓으리라. 숲속의 생활

* 사치와 소위 인생의 안락은 대부분 없어도 되는 것일 뿐 아니라, 인류 발전에 적극적인 장애물이다.
숲속의 생활

* 모든 세대는 낡은 풍조를 비웃으며, 새로운 풍조를 신앙처럼 따른다. 숲속의 생활

* 비록 보잘것 없을지라도 너의 인생을 사랑하라. 너는 아마도 어느 정도 유쾌하고 스릴 있으며, 영광스러운 시간을 양로원에서라도 누릴 수 있을는지 모른다. 석양은 부자의 거처에서처럼 양로원의 창으로부터 눈부시게 반사된다. 숲속의 생활

* 현명한 사람은 권리를 운명의 자비에 맡겨 두지 아니하며, 또 그것이 다수의 권력 덕택으로 우세해지기를 바라지도 않는다. 인간 집단의 행동에는 거의

미덕이란 없다. 시민의 반항

　* 한 친구를 만족시키지 못하는 자는 인생에서 성공했다고 할 수 없다. 일기

　* 정신의 재산을 증진할 시간을 가지는 자가 진정한 여가를 즐긴다. 일기

　* 위대한 시인들의 작품은 이제까지 인류에게 결코 읽혀지지 아니하였다. 위대한 시인들만이 그것들을 읽을 수 있기 때문이다. 숲속의 생활

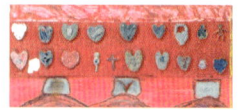

투르게네프

(Ivan Sergeevich Turgenev 러시아; 1818~1883)

사랑은 죽음보다도 강하다.

* 나는 수렵(狩獵)에서 돌아오는 길에 뜰에 줄지어 서 있는 나무 사이를 거닐고 있었다. 개가 내 앞을 달려가고 있었다.

이 때 갑자기 개가 발을 멈추고, 마치 눈앞에 야수(野獸)라도 있음을 예감했다는 듯이, 조심스럽게 살금살금 걷기 시작하였다.

나는 나무들이 있는 곳으로 눈을 돌렸다. 주둥이가 노랗고, 머리에 솜털이 난 한 마리의 어린 참새를 보았다. 이 참새는 둥지에서 떨어져 (바람이 자작나무들을 세차게 흔들었던 것이다.) 겨우 생긴 듯 만 듯한 작은 날개를 힘없이 벌리고 가만히 있었다.

나의 개는 작은 참새 쪽으로 천천히 다가가고 있었다. 이 때 별안간 가슴팍이 검은 한 마리의 참새가 가까운 나무에서 뛰어내리듯 날아와서, 개의 코밑 바로 옆에 돌덩이처럼 쓰러지듯 넘어졌다. 이 참새는 온몸의 털을 곤두세우고, 몸을 바싹 당겨 절망적이고 가련하게 '삐이삐이' 소리를 지르며, 이를 드러내고 크게 벌린 개의 주둥이를 향해서 두 번씩이나 뛰어올랐다.

참새는 제 새끼를 구하려고 몸을 내던져 제 몸으로 새끼의 몸을 감싼 것이다……. 그러나 참새의 작은 몸은 쉴새없이 무서움에 떨고, 울음 소리는 야성미를 띠고 목청은 잠기고 말았다. 참새는 정신을 잃은 것이다. 그것은 자기 몸을 희생한 것이다. 참새에게는 개가 엄청나게 큰 괴물처럼 생각되었음이 분명하다! 그럼에도 불구하고 참새는 높고 안전한 나뭇가지에 마음 편히 앉아 있을 수가 없었던 것이다……. 즉, 의지보다도 강한 힘이 참새로 하여금 나뭇가지에서 몸을 던지게 한 것이다.

나의 트레졸은 발을 멈추고 뒷걸음질쳤다. 그도 그 힘을 알아챈 것이 틀림없다.

나는 어리둥절하고 있는 개를 급히 불러, 경건한 마음을 가지고 그 자리를 떠났다.

그렇다고 웃지 말아 주기를 바란다. 나는 그처럼 작고 영웅적인 새에게 그 새의 열정에 넘치는 사랑에 경건한 마음을 간직한 것이다.

사랑은 죽음과 공포보다도 굳세게, 사랑만이 생활을 지탱하며 생활을 향상시키는 힘이라고 나는 생각하였다. 참새

* 의혹(疑惑)의 나날일지라도, 나의 조국이 운명에 대하여 고민하는 나날일지라도, 오오, 위대하고 굳세며, 진실하고 자유로운 러시아여, 너만은 나의 지주(支柱)다. 또한 나의 구원이다. 러시아어

야콥센

(Christian Friedrich Jacobsen 덴마크; 1764~1847)

인간은 누구나 자기 혼자만의 생애를.

* 모겐스는 그 언덕에 누워서 어두운 땅 밑을 내려다보고 있었다. 이제 막 달빛이 안개 틈으로 비치려고 넘실거리나 아래에 보이는 목장에는 안개가 길게 감돌고 있었다.

이 우주의 삼라 만상의 모든 삶! 그것은 참으로 비통하고, 배후는 너무나 공허(空虛)하며, 앞길은 어두컴컴한 암흑이었다. 그러나 삶이란 이와 같은 것이었다.

즉, 행복한 사람들은 또한 인생관에 대해서 너무나 맹목적이다. 그는 사물을 불행으로부터 관찰하여 배운 것이다. 이 세상의 모든 것은 부정이고 거짓이며, 지구 전체가 크게 회전하는 하나의 거짓인 것이다. 환언하면, 진실·우정·자비 따위는 모두 거짓이었다. 하나에서 열까지 모두 거짓인 것이었다.

그런데 특히 사랑이란 공허한 것 중에서도 가장 공허한 것이었다. 그것은 일종의 쾌락에 불과한 것이다. 즉, 불타는 쾌락 · 아름답게 꾸민 쾌락 · 흐려지는 쾌락으로서 어디까지나 쾌락에 속하며 결코 그 이외는 아무것도 아닌 것이다.

그는 왜 이 사실을 알아야만 하였던가? 어찌하여 또 눈이 부시도록 위장한 이들의 거짓에 대한 신념을 계속 보전하고자 하는 일을 허용받지 못하였던가? 어찌하여 그만이 통찰력을 지니며, 다른 모든 사람들은 우매해야 했던가? 그래도 역시 우매해질 수 있는 소질은 지니고 있었던 것이다. 그러나 그는 사람으로서 믿을 수 있는 것은 모두 신봉하고 있었던 것이다.

이 세상의 모든 것과 아름다움에 대한 어린 시절의 나의 신앙심! ―더구나, 다른 사람들이 그것을 옳다고 한다면!

또 이 세상에 고동하는 심장이 충만하고, 하늘에는 사랑에 넘친 신으로 가득 차 있다면!

그러나 그렇다면, 어찌하여 자기는 그 사실을 알지 못하는가? 어찌하여 다른 사실을 알고 있는 것일까?

자기는 다른 사실을 알고 있는 것이다. 즉, 파헤치듯이, 싫증이 날 만큼, 진실한 것을 알고 있는 것이다……. 오겐스

* 그녀는 이 작은 딸자식의 일로 대단히 상심을 하고 있었던 것이다. 그녀는 어떻게 해서든지 어린 딸을 자기의 품 안에 의지토록 하며 생각할 수 있는 모든 위안의 말을 아끼지 않으려 했는지 모른다.

그러나 그녀는 설사 두 사람 사이가 모녀지간이라 하더라도, 그 고민을 입 밖에 내서는 안 되는 것이며, 반드시 비밀 그대로 매장되었다가 사라져 버릴 고뇌(苦惱)가 있음을 확신하고 있었다. 그것은 후일 새로운 환경에 처해서 모든 것이 희열과 행복으로 이루어지려 할 때 그 말 한 마디가 방해가 되어 무슨 큰 부담을 주거나 속박을 느끼지 않도록 하기 위해서인 것이다.

왜냐 하면, 이 말을 한 사람은 그것이 타인의 영혼 속에 깃들여 속삭이는 것을 들으며, 또 타인의 사색 가운데에서 충분히 관찰되고 고르게 반죽되어 재생되는 것을 마음 속에서 상상하기 때문이다. 펜스 부인

와일드
(Wilde Oscar 영국; 1854~1900)

미움은 사람을 장님으로 만든다.

* 우리는 인생에 있어서 기껏해야 하나의 커다란 경험을 지닐 뿐이다. 그렇기 때문에 인생의 비밀이란 것은 될 수 있는 한도에서 자주 그 경험을 재현(再現)하는 데 있다. 도리안 그레이의 초상

* 인생과 문학을 고찰하면 고찰하는 만큼, 더욱더 그것을 통감하게 된다. 온갖 뛰어난 것의 배후에는 반드시 한 개인이 도사리고 있다. 藝術論

* 만일 여자가, 자기의 과실을 매력적인 것으로 이끄는 힘이 결여되어 있다면, 그것은 그녀가 단순한 여성이라는 것을 증명하는 것 외에는 아무것도 아니다. 아더 사빌 경의 범죄

* 역사를 창조하는 영웅은 어느 누구도 될 수 있는 일이로되, 그 위대한 역사를 창조하는 영웅을 그려내는 역사가는 위대한 인간만이 될 수 있는 것이다.
예술가로서의 批評家

　* 전쟁이 악(惡)으로 간주되는 한, 전쟁은 항상 그 매력을 상실하지 않을 것이다. 왜냐 하면 인간의 본성에는 악에 끌리는 경향이 잠재하고 있으며, 또한 악인 줄 알면서도 오히려 강렬하게 그것에 매혹을 느끼는 경우조차 적지 않기 때문이다.
　그러나 그것이 속악(俗惡)이라고 생각되었을 때는 인기를 상실하고 말 것이다. 왜냐 하면 우리는 전쟁의 정체(正體)에 직면하여 온갖 환영(幻影)을 털어 버릴 수 있을 것 같은 생각이 들기 때문이다.
예술가로서의 批評家

　* 사랑에는 인간을 성자(聖者)의 대열에 끼게 할 수 있을 정도의 힘이 깃들여 있다. 즉, 성자는 이제까지 가장 많은 사랑을 받아 온 사람들이다.
로버트 로스에게 보낸 편지

　* 교육은 참으로 훌륭한 것이다. 그러나 때때로 지식으로서의 가치가 없는 것을 전혀 가르치지 않는다

는 생각과, 그렇게 보는 것은 무의미한 일만은 아닌 것이다. 왜냐 하면 가르칠 능력도 없는 사람들이 모두 교육에 열중하고 있으므로 ―이것이야말로 우리의 교육열(敎育熱)인 것의 말로(末路)인 것이다.

예술가로서의 批評家

  * 친구의 고난(苦難)에 동정하는 일이라면 어느 누구도 가능할 것이다. 그러나 친구의 성공을 기뻐함에는 대단히 훌륭한 인간성을 필요로 하는 것이다. 왜냐 하면 아무리 친밀한 사람일지라도 ―인간에게는 비애(悲哀)나, 실패를 남모르게 기뻐하는 이기적 감정이 있기 때문이다. 人間의 魂

버나드 쇼

(Bernard Shaw 영국; 1856~1951)

의혹은 어리석은 자의 지혜이다.

* 나에게 있어서 인생에는 아름다움도 없으며 로망도 없습니다. 그리고 나는 인생을 자연 그대로, 환언하면 작은 가식(假飾)도 없이 지내고자 합니다.
워렌 부인의 직업

* 우리들에게 있어서 인류에 대한 최대의 죄악은 그들은 증오(憎惡)하는 것이 아니고, 그들에 대한 무관심인 것이다. 그것은, 즉 비인간성의 정신을 지칭하는 것이다. 악마의 제자

* 우매(愚昧)한 인간은 무엇인가? 자기 자신이 수치스럽게 생각하는 일을 저지르고 난 뒤에 그것은 자기의 의무라고 어리석은 말을 선언하게 마련이다.
시저와 클레오파트라

* 남부 유럽인들은 인간의 낙원인 천국을 버리고 그대들과 같이 지옥과 같은 생활고에 허덕이는 이 곳에 와 있다.

그런데 영국인은 아주 비참한 경우에 처해서도 그것을 깨닫지 못하는 것 같다. 즉, 인내성이 강한 앵글로색슨 족은 불유쾌함을 극복하는 것을 도덕적이라고 여기고 있다. 인간과 초인간

 * 평화적인 기술에 있어서는 인간은 솜씨가 서투른 일꾼입니다. 나는 방직 공장 따위를 견학하였지만, 그 기계는 허기진 개짐승이라도 식물(食物) 대신 금전이 탐나면, 발명해 낼 수 있을 것 같은 아주 보잘 것 없는 물건입니다.

나는 익숙하지 못한 타이프라이터나 덜거덕거리는 기관차나, 동작이 느린 자전거를 알고 있지만, 그것들은 기관총이나 잠수함에 견주어 보면 하나의 완구(玩具)에 불과한 것입니다.

우리 인간의 공업 기계에는 탐욕과 나태(懶怠)가 있을 뿐 쓸모가 적은 것입니다. 따라서 인간의 마음은 항상 무기에 관심을 쏟고 있습니다. 그대들이 스스로

자랑하는 이 멋진 무기의 생명력은 인간의 살육(殺戮)을 가져오는 데 있습니다. 그리고 인간은 그 무기의 힘을 파괴력으로써 헤아려 보는 것입니다.

인간이 호랑이를 살해하려는 경우에 사람은 그것을 일종의 자기의 위안으로 여기고, 그 호랑이가 사람을 살해하고자 하는 경우에는 사람은 그것을 가리켜 사납다고 말합니다. 즉, 죄악과 정의의 구별도 우선 그러한 것입니다. 인간과 초인간

* 정직한 사람은 자기가 향유할 행복에 관하여 타인을 행복하게 하기 위한 자기의 희생과 부지런히 봉사함으로써 하나님께 보답해야 된다고 생각하는 것이다. 즉, 우리는 재물(財物)을 마련하지 못하면 재물을 소비시킬 자격이 없는 것과 마찬가지로, 행복을 향유하지 못하면 행복을 누릴 자격이 없다. 갠듀더

로맹 롤랑

(Ramain Rolland 프랑스; 1866~1944)

남성은 작품을 만든다, 하지만 여성은 남성을 만든다.

* 나는 내기(賭博)를 하고 싶습니다. 우리의 이 귀중한 인생은 하나의 도박인 것입니다.
　―그렇습니다. 사이비한 당신은 그것을 신봉하고 있군요. 당신의 인생의 승부에 진실로 도전하는, 도박하는, 도박자의 한 사람입니다. 매혹된 영혼

* 나는 인생이 도박에서 성공을 하거나, 실패를 하거나 간에 승부에 도전하는 데 필요한 고기가 단지 1파운드라도 남아 있는 한, 나는 최후까지 투쟁을 할 것입니다. 매혹된 영혼

* 전쟁? 그것도 좋습니다! 전쟁과 평화가 되풀이, 즉 건설과 파괴가 되풀이, 이 모든 것이 인생입니

다. 즉, 이 모든 것이 인생의 도박인 것입니다.
매혹된 영혼

* 인간은 항상 한 생애에 걸친 사건의 역사만을 기록하고, 거기에서 인생의 전부를 묘사한 것으로 생각하지만, 그것은 우리 인간에게 있어서 외부에 착용하는 의상(衣裳), 즉 겉핥기에 불과하다. 그러나 우리의 인생은 내면적, 즉 정신적인 것이다. 매혹된 영혼

* 형이상학자(形而上學者)이며, 음악가인 괴테의 사상만은 흠이 없고 파괴됨이 없이 영원히 전해지리라. 왜냐 하면 형이상학적인 사상은 대포보다도 오래 사용할 수 있는 성벽(城壁)과 같은 것이기 때문이다.
두 사람은 밀회하다

* 바람결대로 종자를 뿌리세요. 세상 만사 보람 없는 일은 없습니다. 종자는 가끔 땅 속에서 땅 밖으로 싹이 틀 때에 시간이 소요(所要)되는 것입니다. 그러나 언젠가는 반드시 싹이 틉니다. 즉, 힘은 힘을 낳게 마련입니다. 에르사

* 인생은 영원한 현재의 전쟁터이며, 거기에선 과

거와 미래가 끊임없이 투쟁하고 있다. 그리하여 이 전쟁터에서는 낡은 법칙이 끊임없이 몰락하고 참신(斬新)한 법칙이 그것에 대신하게 되며, 그 참신한 법칙도 또한 그 사이에 파괴된다. 클래랑보

* 사상 또는 힘에 의해서 승리한 사람들을 나는 영웅이라고 칭하고 싶다. 그 정신적인 면에서 가장 위대한 사람 중의 한 사람을 이제 나는 그 어느 누군가가 말한 바와 같이 선량함 이외에는 우월감의 증거를 인정하지 않으련다.

그러므로 성격이 위대하지 못한 사람들 가운데 위인(偉人)은 있을 수 없다. 따라서 그러한 무리 가운데에는 위대한 예술가도, 위대한 행동가도 있을 수 없는 것이다. 거기에 존재하는 것은 비천(卑賤)한 대중을 위한 공허한 우상(偶像)뿐이다. 세월은 그러한 우상을 일괄하여 파괴하여 버린다. 그러므로 성공은 우리들에게 있어서 조금도 중요한 것이 아니다. 요컨대, 문제는 정신적인 위대성에 있는 것이지 위대한 듯이 보여지는 것에 있는 것은 아니다. 베토벤의 생애

지 드

(Andre Gide 프랑스; 1869~1951)

정숙, 그것은 허영이다.

* 나는 나의 처지에서 자명(自明)한 진리를 다음과 같이 설파하였으며, 또 금후에도 그와 같이 설파하리라. '인간이 용렬한 문학 작품을 낳는 까닭은 아름다운 감정에 따른 것이다.' 라고. 이른바 선량하며 훌륭한 감정, 예컨대 도덕적인 감정이나 창작 의도 따위는 진실한 예술 작품과는 무관한 까닭에 그러한 것이다. 일기

* 우리 인간은 단 하나만을 탐내고, 그것을 끊임없이 추구해야만 할 것이다. 그렇게 하면, 확실히 그것을 자기의 소유물로 할 수 있는 것이다.

그러나 나는 하나뿐이 아닌 모든 것을 탐내고 있는 것이다. 나는 꼭 무슨 규칙과 같이 시기가 지나고 난

후에, 내가 다른 것을 향하여 추구하고 있는 사이에 어느 것이 찾아온 것을 발견하게 되는 것이다. 일기

* 진정한 시인(詩人)이 되기 위해서는 자기의 천재적인 소질을 확신해야만 한다. 그리고 참다운 예술가가 되기 위해서는 자기의 천재적 소질을 의심해야 하는 것이다. 참으로 위대한 인간이란 후자와 같은 사실에 의해서 전자와 같은 사실이 보강(補强)되는 사람을 말한다. 일기

* 나는 나의 문장으로 예민한 하나의 악기(樂器)를 창조하고자 하였다. 그렇기 때문에 단 하나의 구두점(句讀點)을 옮기는 것도 그 조화(調和)를 파괴하게 된다. 따라서 명문(名文)은 단 하나의 구두점도 소홀히 할 수 없으며, 완전한 문장 쓰기를 요구하고 있는 것이다. 일기

* 내가 감탄하는 진실한 명문(名文)이란, 그것이 그다지 두드러지게 눈에 띄는 일이 없이 독자의 마음을 사로잡아 거기에 머무르게 함으로써 그 사상이 점진

적으로 진보하게 하는 문장을 말한다.

나는 독자의 주의력이 일보일보(一步一步) 풍요하게 깊이 경작된 토지에 알맞게 집중하는 것을 바랐으나, 흔히 독자가 구하는 것은, 자기 자신을 이끌어 가는 일종의 벨트 컨베이어인 것이다.

즉, 작자와 독자와의 깊은 관계에 있어서 성립되는 문한(文翰)인 것이다. 작자는 자기 창작에 있어서의 엄격한 노력과 의지를 독자들에 대해서도 그와 같이 깊은 이해로써 진실한 독서를 요구한다. 일기

* 어느 것을 올바르게 판단하기 위해서는 그것을 사랑한 후 일단 어느 만큼 떨어져 있어야만 한다. 그것은 국가에 관해서도, 인간에 관해서도, 그리고 자기 자신에 관해서도 적용되는 진리이다. 일기

프루스트

(Marcel Proust 프랑스; 1871~1922)

충분히 고통을 경험함으로써만 고통을.

* 악적(惡的)인 예술가는 근본적인 악인과는 그 성품(性稟)이 다르다. 왜냐 하면 통속적인 악인이란 악은 그 자신의 외부에 있는 것이 아니며, 매우 자연적으로 어느 누구에게도 부여된 것과도 같이 생각하고, 그의 악을 자기 자신과는 구별하지 못하리라.

악인은 미덕이나 유명(幽明)을 달리한 사람들의 추억과 자식으로서의 어버이에 대한 애정과 같은 것을 예찬(禮讚)하지 않을 것이기 때문에, 또한 그것들에 대한 모독적인 기쁨을 맛보는 일도 없을 것이다. 사디스트들은 감상가이고, 선천적으로 미덕의 소유자이기 때문에 그들에게 있어서는 육체감의 기쁨마저 환언하면, 악사(惡事)나 악인의 특권과 같이 보여지는 것이다. 잃어버린 시간을 찾아서

* 도덕 문제가 극단적으로 우려되고 준엄하게 논란되는 것은 아마도 실제적으로 부도덕한 생활을 영위한 사람들 마음 속에서의 일인 것이다. 그리하여 그러한 문제에 대해서 예술가가 해결을 부여하는 것은, 자기 자신의 개인 생활권 내에 있어서가 아니라, 그에게 있어서 참다운 인간 생활에 해당하는 권내에서 보편적이고 문학적인 해결을 부여하는 것이다.

　위대한 신부(神父)가 우선 그의 덕(德)을 상실함이 없이 모든 인간의 죄악을 경험해 봄으로써 비로소, 거기에서 고매한 인격을 형성할 수 있었던 것과 같이, 가끔 대예술가는 타락에 빠지면서, 그의 악덕(惡德)을 이용하여 모든 인간의 도덕율을 생각해 낼 수가 있다. 잃어버린 시간을 찾아서

　* 우리들이 망각해 버린 것이야말로 어느 존재를 가장 올바르게 우리들에게 기억하게 한다.
　　　　　　　　　　　　　잃어버린 시간을 찾아서

　* 그의 사후(死後)에야 겨우 일반 사람들의 찬동을 불러일으키지 못하는 것과 같은 작품에 그의 일평생을 헌신하고 있는 시인(詩人)은 자기가 알 수 없는 영

광에의 그 날에 대한 욕망에 사로잡혀 있는 것이 아닌지? 오히려 그 자신의 정신적인 영원한 일부가, 똑같이 영원한 하나의 작품을 완성하는 노력을 경주하고 있는 것은 아닌지? ―그의 영원한 부분은 현세의 덧없는 일시적인 현세 속에서만이 완성할 수 없다고 하더라도……. 생트뵈브에게 반박한다

발레리

(Paul A. Valery 프랑스; 1871~1945)

권리는 실력의 중계자이다.

　* 나는 모든 일에 있어서 반드시 정확성을 기하고 싶은 심한 질병과 투쟁하고 있었다. 오로지 이행하고 싶어하는 맹목적인 욕망의 최대한의 정점을 목표로 하고 있었다. 따라서 아주 쉽게 이루어지는 것은 모두 나에게 있어서는 아무래도 무방했으나, 아니 거의 나의 것이었다. 그러므로 나는 노력이야말로 우리가 탐구해야만 할 것이라고 생각한다. 테스트 씨 항해 일기

　* 나는 무엇 때문에 가장 고민해 왔는가? 아마도 나의 모든 사상을 발전케 하고 ―자기의 내면, 즉 정신적인 면의 극한에까지 도달하려는 습관 때문이다.
테스트 씨 항해 일기

＊ 어느 텍스트(原典)의 참다운 의미라는 것은 없는 것이다. 환언하면, 텍스트의 작자로서의 권위라는 것은 없다. 작자가 무엇을 말하기를 원했다 하더라도 작자는 그가 쓰고자 한 것을 쓴 것에 불과하다. 그러므로 일단 어느 누구든지 텍스트를 세상에 발표하자마자 그것이 처음이자 최후가 되고 만다.

왜냐 하면 하나의 텍스트는 사회의 모든 개개인이 그들의 사고 방식에 의해서, 또는 각자의 능력에 따라서 사용할 수 있는 기계와 같은 것이 되고 말기 때문이다. 환언하면, 기계의 제작자가 그 외의 다른 사람보다 이것을 효율적으로 사용한다고는 장담할 수 없기 때문이다. 해변의 묘지에 관해서

＊ 만일 내가 무엇을 집필하지 않으면 안 될 입장이라면, 나로서는 무엇인가 망아상태(忘我狀態)의 덕분으로 무아(無我)의 경지에서 더욱더 훌륭한 걸작(傑作) 중의 걸작을 창작하기보다는 분명한 의식을 유지하면서, 온선한 정기(正氣)의 상태에서, 무엇인가 박약(薄弱)한 작품을 집필하는 편이 훨씬 기쁘리라.

말라르메에 관해서

* 우리는 뒷걸음질하면서 미래를 향해 가고 있다. 이것이 참말로 이른바 역사의 교훈이다. 그러나 역사의 교훈만을 신용해서는 안 된다. 환언하면, 자기가 그렇게 사랑하는 것 또한 자기가 강력하게 탐내는 것을 신뢰하지 않으면 안 된다.

—우리가 그 순간적으로 빈번하게 관여하지 않는 여러 가지 우연의 돌발사에는 관심을 보이지 않으면서……

순간은 잠깐 사이에 흘러간다. 흘러가지 못하는 것, 단지 그것은 온갖 성질의 모든 에너지를, 온갖 형식으로 자기의 정신적인 면에서 발전하게 하려는 의지이다. 즉 미래를 믿어서는 안 되며, 현재에 모든 에너지를 집중하고 또한 현재만을 믿어야 한다.

時에 관한 추억

몸

(Somerset Maugham 영국; 1874~1965)

인간은 모두 어두운 숲이다.

* 인간은 신(神)과 마주섰을 때 왜 그와 같이 비하(卑下)하지 않으면 안 될까? 신이 인간보다 선(善)하고, 보다 현명하며, 보다 힘이 강하기 때문에 그런 것일까?

그렇다! 그렇다면 그것은 모두 쓸데없는 이유이다. 즉, 내가 백인이고 금전이 많이 있고, 보다 식인(識人)이라는 이유만으로 다른 하녀(下女)가 내 앞에서 비하한다는 그것과 조금도 다름이 없다.

나로 하여금 말하게 한다면, 비하하지 않으면 안 되는 쪽은 오히려 신의 편이 아니냐 하는 것이다. 특히, 인간 창소 따위의 쓸데없는 짓을 해치운 신으로서 말이다. 作家의 手帖

* 훌륭한 아내란 남편이 비밀로 하고 싶다고 생각하는 사소한 일을 항상 모르는 체하는 것이다. 그것이 결혼 생활의 예의의 근본이다. 훌륭한 아내란

* 모든 미덕의 실행에 있어서 그 밑바닥에 깔리는 것은 쾌락이다. 인간이 행동하는 것은 행동이 자기의 이익이 되기 때문이다. 그것이 타인에게도 이익이 되는 경우에는 그것은 미덕이라고 생각된다. 남에게 베푸는 것이 즐거우면 자비심이 있는 것이며, 사회를 위해서 봉사하는 것이 즐겁다면 공공심(公共心)이 풍부한 것이다. 人間의 굴레

* 힘은 정의(正義)이다. 사회는 그 자신의 생장과 자기보존의 법칙을 지니는 유기체로서 그 한 쪽에 서고, 개인은 그 반대편에 선다. 사회의 이익이 될 수 있는 행동을 사회는 미덕(美德)이라고 이름 지우고, 사회의 이익이 되지 않는 행동을 악덕이라고 호칭한다. 즉, 선(善)과 악(惡)과는 그 이상의 의미를 지니지 않는 것이다. 선과 악이란

* 만일 어느 국가가 자유보다도 다른 것을 존중한다면, 그 국가는 자유마저도 상실하게 될 것이다. 그것이 만일 쾌락 또는 금전인 경우, 아이러니컬하게도 그것마저 상실하게 된다.
　그리하여 국가가 자유를 위해서 싸우지 않으면 안 될 때, 그 국가는 정직·용기·충절·이상·자기 희생을 지니고 있는 경우에 한해서만 승리를 획득할 수 있다. 극히 개인적인

　* 어버이의 자식에 대한 애정이야말로 완전히 이해 관계를 초월한 유일한 정서(情緖)이다. 人間의 굴레

릴 케

(Rainer Maria Rilke 독일; 1875~1926)

내 운명에 아무런 운명을 갖지 않는 일이다.

* 우리 인간 생활에 있어서 누구나, 오직 다른 사람으로부터 사랑만을 받는 생활은 가치 없는 생활이다. 아니, 그것은 오히려 위험한 생활 태도라 하지 않을 수 없다.

사랑을 받는 인간은 자기를 극복하고 자기 자신을 '사랑을 주는 인간'으로 인간개조(人間改造)를 하지 않으면 안 된다. 왜냐 하면 사랑을 주는 인간만이 확고부동한 확신과 안정이 있기 때문이다. 따라서 사랑을 주는 인간은 이미 아무런 의혹(疑惑)을 품지 않는다. 나와 나의 인격에 배신함을 허용하지 않는다. 또 사랑을 주는 인간의 마음 속에는 깊은 신비(神秘)가 깃들여 있다.

훌륭히 결정(結晶)된 신비가 조각조각 파괴되는 일

은 더 이상 결코 없을 것이다. 그녀는 다만 한 사람의 인간에게 호소함이 틀림없으려니와 그 아름답게 우는 소리는 자연적인 아름다움을 풍기고 있다. 즉, 그 우는 소리는 영원한 것을 향해 호소하는 듯한 소리처럼 들리는 것이다. 말테의 수기

* 사랑을 받는다는 것은 다만 모닥불이 완전히 타 버려 없어지는 것과 다름이 없다. 그러나 사랑을 준다는 것은 암흑칠야(暗黑漆夜)에 불켜진 램프처럼 구세주와도 같은, 무엇에도 견줄 수 없는 빛인 것이다.
그러므로 사랑을 받는다는 것은 순간적인 것을 뜻한다. 그러나 사랑을 준다는 것은 영원함을 뜻한다.

신(神)과 시인(詩人)
① 나는 나의 삶을
온갖 것들 위에 뻗어가며
확대(擴大)하는 원환(圓環)의 모습으로 살아가고 있도다.
이마도 마지막 원환을 이룩하는 일은 없으리라.
그러나 나는 그것을 시도(試圖)하리라.

② 나는 신(神)을,
창연(蒼然)한 옛 탑을 감돌고 있노라.
몇천 년이고 감돌고 있노라.
하지만 아직 알지 못하네—
내가 독수리인지 폭풍우인지,
또는 거룩한 노래인가를. 時禱集

 * 모든 이별(離別)에 앞서 떠나가려므나.
마치 이별이 이제 떠나가는 겨울과도 같이
너의 뒤에 깃들여 있는 것처럼.
 겨울 가운데로 오직 끊임없이 기나긴 이 겨우살이를 참고 넘기면
 너의 마음은 온갖 것을 견디어 낸 셈이기에.

오르페우스에게 바치는 소네트

토마스 만

(Thomas Mann 독일; 1875~1955)

여론을 위해 투쟁할 기회가 없으면 여론은 있을 수 없다.

* 타인의 마음의 움직임에 대한 무관심과 무지(無知)는 현실에 대한 관계를 완전히 왜곡하게 하며, 사람을 무지문맹(無知文盲)하게 만들어 버린다.

아담과 이브의 시대로부터 오늘날까지, 즉 한 인간이 두 사람으로 되었을 때부터 이제까지 타인의 입장이 되어 보려고 하지 않은 자, 객관적인 입장에서 관찰함으로써 자기 자신의 진실한 상태를 파악코자 하지 아니한 자, 그러한 사람은 어느 누구를 막론하고 긴 세월에 걸쳐 삶을 영위할 수 없었다.

타인의 생활 감정에 대하여 상상력을 통해서 그것을 통찰(洞察)하는 기술, 즉 공감(共感)이란 것은 자아(自我)의 한계를 타파한다는 의미에서 칭송할 만한 일일 뿐만 아니라, 자기 보존에 있어서 불가결한 수단

이다. 요셉과 그 형제들

* 시인(詩人)이란 어떠한 사람을 말하는 것일까? 그의 생활이 상징적으로 이루어지고 있는 사람을 시인이라고 할 수 있다.

나의 마음 속에는 시인이 자기의 진정을 토로(吐露)만 한다면, 그것은 그 시대의 일반 시민의 공감을 받을 수 있으리라는 확고한 신념이 깃들여 있다. 그러므로 만일 이 신념이 없다면, 나는 작품의 창작에 대한 노고(勞苦) 따위는 아예 포기할 수 있었을 것이다.
대공 전하에 관해서

* 예술은 인생에 정신적으로 활기를 불어 넣어 주고 고무(鼓舞)하기 위해서 존재하는 것으로서, 인생에 대해서 니힐리즘(허무주의)의 냉혹한 악마의 철권(鐵拳)을 거칠게 눈앞에 들이대는 것은 아니다.

예술은 선과 불가분의 관계에 있으며, 예술의 밑바닥에는 선의(善意)가 깃들여 있다. 그리고 선의는 영지(英智)에 가까운 것이나 사랑에 더욱 밀접하다. 예술은 즐기는 사람에게 웃음을 선사하는데, 예술이 가져다 주는 웃음은 조소(嘲笑)가 아니라, 명랑한 웃음으로서 증오나 우매(愚昧)를 불식(拂式)하고, 인간을 해방하고 결합하게 만든다. 예술은 항상 새롭게 고독으로부터 발생하는데 그 작용은 결합적인 것이다.

　예술은 힘이 아니다. 위로에 불과하다. 그렇긴 하나―예술은 심각하고 지극히 진실성 있는 놀이이며, 또 완성을 목표로 하는 일체의 노력의 범례(範例)로서, 태고 시대부터 인류에게 동반자로서 부여되고 있다. 그리하여 인류는 죄로 가득히 감염된 눈을, 예술의 무구(無垢)한 모습에서 외면하지는 결코 못하리라.

예술가와 사회

헤세

(Hermann Hesse 독일; 1877~1962)

자기 운명을 짊어질 용기를 가진 자만이 영웅이다.

* 모든 인간의 생활은 자기 자신의 인생 행로이며, 하나의 인생 행로로서의 시행(詩行)이고, 하나의 보잘 것 없는 인생 행로의 암시(暗示)이다. 데미안

* 신(神)에게서 우리에게 절망을 안겨 주는 것은 우리를 죽이기 위해서가 아니고, 우리의 가운데에 새로운 생명을 소생하도록 하기 위해서이다. 유리알 놀이

* 인간이 삶을 가치 있게 영위한다는 것이 모든 예술의 궁극적인 내용이며 위안이다. 전쟁과 평화—隨想

* 행복을 좇아가고 있을 때
너는 행복을 향수(享受)할 만큼

준비가 갖추어져 있지 못하노라.

설사 너의 가장 사랑하는 자가 너의 품 안에 안겨졌다 하더라도,

'행복, 행복' 하다고 말하지 않게 되었을 때,

그 때 비로소 사건의 행방(行方)이 이미 너의 마음 속에서 사라짐으로써, 너의 영혼은 차분히 가라앉으리라. 행복

* 너무 지나치게 행·불행을 이러쿵저러쿵 말하는 것은 결국 대단히 우매한 짓이다. 왜냐 하면, 자기의 일생을 통해서 가장 불행한 때라도, 그것을 버린다는 것은 모든 즐거웠던 때를 버리기보다도 더 괴롭게 여길 것이기 때문에.

피할 수 없는 운명을 자각으로써 감수(甘受)하고, 행복한 일이나 불행한 일이나 충분히 경험하는 것이야말로 인간 생활의 가장 중요한 사실이다. 불의 태풍

* 악마(惡魔)와 마성(魔性)을 제대로 알지 못하면서 그들에 대하여 끊임없이 투쟁을 하는, 그러한 우매한 짓을 하지 않는 현명함처럼 고귀하고 거룩한 생활은

없다. 유리알 놀이

　* 우리 인간에게 있어서 구원의 길은 왼쪽에도 오른쪽에도 다 있는 것이 아니다. 그것은 자기 자신의 마음 속에 자리잡고 있는 것이다. 왜냐 하면 거기에서만 신(神)이 존재하고 있으며, 또한 평화가 도사리고 있기 때문이다. 방랑

　* 진실한 문학은 긍정(肯定)과 사랑으로부터 탄생하는 것이고, 우리는 그 근원에 대해서 삶에 감사를 항상 지니고 있으며, 따라서 그것은 신과 창조와 찬미(讚美)이다. 찬스바울의 집필에서

　* 우주 만물의 근원인 태양은 우리 인간에게 빛으로 말해 준다. 또, 꽃은 내음과 빛깔로써 말해 준다. 따라서 삶을 영위하는 삼라만상(森羅萬象)은 우리 인간의 말을 지극히 동경(憧憬)하고 있다. 불의 태풍

마르탱 뒤 가르

(Roger Martin Du Gard 프랑스; 1881~1958)

나는 살인의 목격자가 되고 싶었다.

* 화가인 호이슬러가, 이와 같이 단언하고 있다.
'─작품을 제작할 때 사용된 각양각색의 수단의 흔적(痕跡)이 완전히 소멸하였을 때에, 비로소 그 그림은 완성됩니다. 예술에 있어서 작업에 열중하는 것을 미덕이라고 할 수 없으며, 그것에는 불가결하게 필요합니다. 제작 당시의 그 어떤 흔적이 아직 남아 있는 한, 그것은 노력의 부족을 입증하는 것 이외에는 아무것도 아닙니다. 다만, 노력만이 노력의 흔적을 소멸시킬 수가 있습니다.' 라고.

나 자신도 경험을 통해서 이 호이슬러와 같은 확신에 도달하였다. 즉, 실패자이란 섯은 대부분의 경우, 노력의 부족에서 유래한다. 이러한 사실은 회화미술(繪畵美術)에 있어서보다는 문학에 있어서 더한층 진실한 것이다. 화가는 자기의 캔버스에 가필(加筆)을 지나치게 많이 함으로써 실패작을 만드는 경우가 있을는지도 모른다. 그러나 작가는 자기의 '원고에 가필을 지나치게 한다'는 일은 결코 없다. 모든 면에서의 안정은 열렬한 노력의 끝에 비로소 얻을 수 있는 것이다. 따라서 우리는 보다 많은 노력을 하지 않으면 안 된다. 일기

* **장 포르에게**—자가 당착을 너무 두려워하지 마시오. 과연 그것은 기분이 불쾌할는지 모르겠으나, 사실상 건전한 것입니다.

나의 마음을 어떻게 해서라도 풀 수 있는 방도가 없어서 속수 무책인 모순에 사로잡혀 있을 때야말로, 나는 자칫하면 도피하려 하는 참다운 '진실'에 가장 접근한 느낌을 받았던 것입니다. 만일 나로 하여금 (재차 인생을 되풀이)하지 않으면 안 될 경우, 그것은 어디까지나 '회의(懷疑)를 주의(主義)'로 하고 싶은 생각입니다. 티보家의 사람들

* **장 발루아에게**—모든 암호를 거절하는 것입니

다. 멍청히 한패가 그 '한패들'에게 보증하는 나태한 정신적 안전을 물리치고, 오히려 불안정에 따르는 고뇌야말로 선택해야 하는 것입니다.

혼자서 암흑 속을 모색하는 일, 그것은 그다지 즐거운 일은 아닙니다. 그러나 그에게 미치는 피해는 희소한 것입니다. 피해가 가장 막대한 것은 주위 사람들의 공염불에 단순히 맹목적으로 추종(追從)하여 가는 것입니다.

고독하였던 자크의 생활, 항상 고민하고, 절대적으로 정착하는 일이 없었던 그의 사상은 참으로 스스로에 대한 성실성 · 결백성 · 마음의 용기 · 견식 따위였으며, 이러한 것들은 당신에게 진실로 모범이 될 수 있는 점입니다. 티보家의 사람들

카프카

(Kafka Franz 독일; 1883~1924)

이 세상 기구에 예속된 자는 번영한다.

* 외계의 관찰은 존재하지만 마음 속의 관찰이란 것은 존재하지 않는다. 마음 속의 세계는 삶을 계속 영위하여 나아갈 수 있을 뿐이고, 기술(記述)할 수는 없다. 제3의 노트

* 내가 선고(宣告)를 받았다면 다만 몰락(沒落)하도록 선고를 받고 있는 것이다. 일기

* 영원한 청춘은 존재하지 않는다. 비록 그것에 아무런 장애가 없을지라도 자기 관찰이 그것을 불가능하게 한다. 일기

* '결의(決意)' 라는 의미에 있어서도 나에게는 자기

상태에 대하여 한없이 절망할 수 있는 권리가 있다.
일기

* 가장 깊은 지옥(地獄) 속에서 살아 있는 인간처럼 순수한 음성으로 노래하는 자는 없다.
우리가 천사(天使)의 노래라고 생각하는 것은 그들의 노래였던 것이다. 밀레나에게 보낸 편지

* 진실이 없는 삶이란 있을 수가 없다. 진실이란 아마도 삶 그 자체를 말하는 것이리라. 아누프와 대화

* 바벨 탑(搭)도 그것에 인간이 오르지 않고 세우려 했었더라면 그의 진실은 하나님께서 허락하여 주셨으리라. 考察

* 우리는 바벨의 수혈(竪穴)식 무덤을 파고 있다.
농촌의 혼례 준비

* 정신 세계 이외에는 아무것도 존재하지 않는다는 사실은 우리의 희망을 탈취하고 우리에게 확신을 부여하는 것이다. 考察

* 인간은 자기 내부에 어떤 불괴(不壞)한 것이 있다고 끊임없이 믿지 않는 한 살아갈 수 없다. 이 때에 불괴한 것도 또 그것에 대한 신뢰도 영원히 인간 속에 숨겨져 있을 수도 있다. 이 숨겨져 있다는 것을 표현할 수 있는 것 중의 하나가 신에 대한 개인적인 신앙이다. 잠언

* 신앙이란 자기 내부의 '불괴(不壞)한 것'을 해방하는 것이다. 아니, 진정하게 자기를 해방하는 것이다. 아니, 사실은 불괴되지 않는 것이다. 아니 사실은 있는(sein) 것이다. 8권의 8절제 노트 3권

* 낙원에서 파괴된 것이 파괴될 수 있는 것이었다면, 별로 중대한 일은 아니었을 것이다. 하지만 만약 그것이 파괴될 수 없는 것이었다면 우리는 그릇된 신앙 속에 살고 있는 것이 된다. 잠언

생텍쥐페리

(Antonie de Saint-Exupery 프랑스; 1900~1944)

의무의 이행이 없으면 성장이 없다.

* 절망의 울부짖음 · 비통 · 흐느끼는 슬픔, 이런 것은 일종의 부귀이다. 바람과 모래와 별

* 인간의 생명은 둘도 없는 귀중한 것인데도 우리들은 언제나 어떤 것이 생명보다 훨씬 더 큰 가치를 가지고 있는 듯이 행동한다. ……그러나 그 어떤 것이란 무엇인가? 야간 비행

* 미래에 관한 한, 그대의 과업은 예견할 수는 없지만 그것을 수행할 수는 있다. 모래알의 지혜

* 고립된 개인은 존재하지 않는다. 슬픈 자는 타인을 슬프게 한다. 아라스로의 비행

* 자유와 속박은 한가지이면서 다른 것이 되어야 하는 똑같은 필요성의 양면이다. 城

* 인간이라는 것은 우선 책임이 있다는 것이다.
바람과 모래와 별

* 농장이 무엇이며, 국가가 무엇인가를 알 수 있는 자만이 자기 농장이나 국가를 위하여 자기 몫은 바쳤을 것이다. 아라스로의 비행

* 문명은 인간에게 필요하는 것 위에 건설되지 인간을 위해 마련되는 것 위에 세워지지 않는다.
사막의 賢人

* 기계는 인간을 자연의 큰 문제와 격리시키지 않고, 자연의 큰 문제로 더욱 깊이 뛰어들게 한다.
바람과 모래와 별

* 지배란 책임을 떠맡는 사람이 '그는 내가 패배했다'고 말하지 '내 부하가 패배했다'고 말하지 않는다. 진실한 인간은 상호 관계로 묶여지는 매듭이요, 거미줄이며, 그물이다. 이 인간 관계만이 유일한 문제이다. 아라스로의 비행

* 인간 관계를 제외하고는 기쁨의 희망은 없다.
바람과 모래와 별

* 군인의 몸은 그 이상 자기의 소유물이 아닌 부속물이 된다. 아라스로의 비행

* 어린 학생들은 생사에 직면해도 두려움이 없다. 그들은 재갈을 뽀드득 깨문다. 어른 생활의 질투·시련·슬픔 들은 어린 학생들을 위협하지 못한다.
야간 비행

모루아

(Andre Maurois 프랑스; 1885~1967)

일은 권태와 가난과 나쁜 일을 멀리한다.

* 우리 인간의 행동은 그의 의지(意志)에 따라 행하지만, 그 의지도 인간이 행동을 시작하는 순간에 그의 행동하는 방법을 알게 된다. 그것은 선박이 항행(航行)하는 경우로 충분히 이해할 수 있는 바와 같다. 꼼짝하지 않고 있는 선박은 조종할 수가 없다. 즉 어느 한 움직임으로 조종 가능한 힘이 발생해야만 비로소 선박의 키〔조타(操舵)〕도 조종하게 되는 것이다.

태초에 행동이 있었다

* 이제부터 우리는 인간의 일생을 통해서 새로운 세계를 자주 몇 차례라도 발견되지 않으면 안 되리라. 그러기 위해서 교육의 첫째 목적은 특히 '학문하는 방법을 배우는 것.' 이리라. 그리고 여생을 응용하면서 배우는 데 주력하게 되리라…….

우리의 세계에서는 영구적이고 끊임없는 생성(生成)이 이루어지고 있다. 따라서 변함없는 여러 덕(德)을 지니고 나아가면서도 그때그때의 변화에 적응하도록 노력해야 한다. 태초에 행동이 있었다

* 두 개의 위대한 외침이 이 군중(群衆)을 향하여 이와 같이 말하는 것처럼 생각되었다. 즉 '확고한 신념을 갖지 못하는 대중들이여! 신뢰심을 지니도록 노력하라. 애인이나 동료간의 말다툼은 곧 사라지나, 사랑의 인스피레이션에 의해서 제작된 작품은 영원히 사라지지 않는다. 따라서 이 세상에는 애정과 아름다움이 공존(共存)할 수 있다'라고. 조르주 상드傳

* 찬탄(贊嘆)과 동정의 혼란은 애정의 가장 확실한 처방이다. 셸리傳

* 우리의 운명과 의지는 거의 항상 뜻밖의 불행에 봉착한다. 사랑의 풍토

* '우연'의 역할은 대단히 중요한 것으로, 어느 남

자와 여자가 순수한 자기 의지에 의해서 자기 생애의 반려(伴侶)가 될 사람을 진지하게 선택할 수 있는 경우는 극히 드물다. 그리고 그와 같은 편이 오히려 낫다. 직관(直觀)은 그 온갖 오류(誤謬)에도 불구하고 이 경우에 있어서는 지성(知性)보다도 확실한 것이다.

나의 생활 기술

 * 여하한 아름다운 연애(戀愛)도 그때그때 분석하여 보면, 충실성에 의해서 해결되는 무수히 많은 사소한 말다툼으로 이루어지고 있다. 마치 그와 같이 행복도 분석을 해 보면 투쟁도 고뇌로 이루어지고 있다. 그러나 그것은 희망에 의해서 항상 구제된다.

감정과 관습

콕 토
(Cocteau Jean 프랑스; 1889~1963)

예술은 살코기를 붙인 과학이다.

* 진실한 눈물은 비애(悲哀)의 한 페이지에서 우러나오는 것이 아니고, 훌륭하게 나열된 말의 기적으로부터 우러나오는 것이다. 職業의 秘密

* 시(詩)는 정확하며 숫자(數字)를 뜻한다. 그러나 일반 사람들은 부정확(不正確)함을 시적(詩的)이고, 몽상적이라고 간주(看做)한다. 간접 비평의 시도

* 문체(文體)란 무엇인가? 그것은 대중들에게는 극히 단순한 것을 복잡하게 표현하는 방법이고, 우리, 즉 예술인들에게는 복잡한 것을 극히 단순하고 간결하게 표현하는 방법이다. 시인의 피

* 모든 시(詩)는 손가락의 지문(指紋)이다. 따라서 시를 해독하려면, 그 뜻을 헤아려 읽지 않으면 안 된다. 시인의 피

* 신(神)께서는 우리 인간의 어떠한 미온적인 행동에도 행운을 베푸시지 않으리라. 챠크 마리탄에의 편지

* 루노여! 잠에서 깨어나시오. 그리고 무기를 잡으시오. 마법의 세계에 언제까지나 머물러서는 안 됩니다. 만고불변(萬古不變)의 태양은 우리 문명의 앞길을 끊임없이 비춰 주고 있습니다. 루노와 알미드에서

* 호사(豪奢)는 고귀한 도덕이다. 따라서 쾌적과 혼동해서는 안 된다. 미국 군인들에게의 편지

* 인생의 막바지에 들어서서도 각광을 받지 못하는 시인(詩人)은 사회의 희생자가 되며, 또 바람직하지 못한 인간으로서 버림을 받게 된다. 왜냐 하면 그는 사회의 질서를 문란하게 하며 방랑자(放浪者)로 간주되고, 제각기 자기의 인생 행로에 목표를 향해 질

서 있게 나아가는 대중과 충돌하게 된다. 즉 그는 무질서의 꼴을 한 질서이며, 무정부주의자의 모습을 한 귀족으로서 원무(圓舞)를 방해하는 자인 것이다.
옥스퍼드에서의 강연

* 글을 쓴다는 것은 사랑의 행위인 것이다. 만일 그러한 것이 아니라면, 단순한 문자에 불과한 것이다. 결국 식물이나 나무의 기구(機構)를 본받아서, 종자를 먼 곳에 뿌려야 한다. 따라서 이 세상에서 사치스러운 사랑은 삼가는 것이 바람직하다. 왜냐 하면 사치스러운 사랑이란 어느 것은 수분(受粉)하게 하고, 어느 것은 수정에 실패하여 죽기 때문이다.
옥스퍼드에서의 강연

H. 밀러

(Miller, Henry 미국; 1891~1980)

사랑이란 완성된 합일의 드라마를 말한다.

* 하나님은 우리 인간이 자기 자신의 노력으로써 하나님의 지위에 도달하는 기쁨을 맛볼 수 있도록, 먼 옛날에 우리를 버리고 돌아보지 않으셨던 것이다.
마르시아의 거상

* 하나님께서 사랑하는 인간은 백만의 껍질을 지닌 양파이다. 최초의 겉껍질을 벗어 버리려는 노력은 이루 다 말할 수 없는 고통이다. 다음의 한 꺼풀은 그다지 고통을 느끼지 않는다. 그리하여 그 다음의 것은 더욱 고통 없이 벗길 수 있으며, 드디어는 그 아픔이 즐거움으로 변한다.

그리고 점차 즐거워지며 드디어는 환희(歡喜)로 변하고 법열(法悅)의 지경에 이르게 된다. 얼마 후, 쾌락도 고통도 사라지고 다만, 어둠이 한 줄기의 서광(曙

光) 앞에 굴복하게 된다.

즉, 인간에게는 무수한 죽음과 소생이 가능하고, 그럴 때마다 거짓인 자기의 껍데기와 더불어 타성적 생활이란 죄도 탈피하게 되어, 더욱더 그 사람에게 특유한 개성(個性)이 빛나게 된다. 남회귀선

* 과거에 얽매어 전전하는 것은 철구(鐵球)가 달린 쇠사슬을 질질 끌면서 걷는 것과 같다.

따라서 수인(囚人)이란, 죄를 범한 자가 아니고 자기의 죄에 구애(拘碍)되어, 그것을 여러 차례 되풀이하여 삶을 영위하는 인간을 말하는 것이다. 즉, 인간의 최대의 죄는 자기의 인생을 충분히 영위하지 않는 일인데 이것을 깨닫고 후회하는 것은 무방하되, 오류에 구애되어 과거로 돌아간다는 것은 인생을 절망의 연못으로 전락하게 한다.

사랑이란 완성된 합일의 드라마를 말한다. 그것은 개성적, 또는 비한정(非限定)적인 것으로서 자아(自我)의 횡포에서 해방으로 사람을 이끈다.

섹스는 비개성적인 것으로서 사랑과 일치하는 경우도 있으며, 일치하지 않는 경우도 있다. 그리고 섹

스는 사람을 강력하게 하기도 하고 깊은 연못에 빠지게 하는 경우도 있고, 또 반대로 파괴적으로 작용하는 경우조차 있다.

즉, 인생을 직시하는 용기를 갖지 못하고, 사회의 인습에 영합함으로써 일신의 안전을 도모하는 겁쟁이의 섹스에는 항상 공포나 의혹이 뒤따르며, 그것이 애정을 왜곡하기도 하고 위축시키기도 한다. 따라서 생활 활동의 일체를 용인하는 용기 있는 자유인만이 건강한 섹스를 즐길 수 있으며, 그러한 섹스만이 만인(萬人)에게 허용되고 있는 멋진 기적적인 사랑을 더욱 두텁게 한다. 성의 세계

포크너

(William Faulkner 미국; 1897~1962)

나는 인간의 종말을 받아들이는 것을 거부합니다.

* 나에게 있어서는 실패야말로 진실로 귀중한 것입니다. 나에게는 이룩할 수 없는 그 무엇인가를 시도(試圖)하는 것—그것을 이룩할 수 없는 것은 그것이 (가망이 없을 만큼) 정상에서 크게 빗나간 것이기 때문입니다마는, 그래도 그것을 시도하여 봄으로써 실패하고, 다시금 재차 그것을 시도하는 것입니다. 나에게 있어서는 그것이야말로 성공의 첩경인 것입니다.

長野에서의 포크너

* 모든 예술가의 목적은 인위적인 수단으로 움직임(그것이 생명일 따름이다)을 멈추게 하고, 그것을 고정하게 하는 일이다. 백년 후에는 아주 다른 사람이 그것을 바라볼 때 다시 그것이 움직이기 시작하도록—왜냐 하면 그것은 생명 그 자체와 다름이 없기 때문

에—한다. 파리 레뷔에 의한 인터뷰

　＊나는 인간의 종말을 받아들이는 것을 거부합니다. 인간은 견디어 갈 것이라는 단지 그것만의 이유로 인간이 불멸이라고 하는 것은—최후의 심판인 마지막 종소리가 울려 퍼지고, 그 음향이 사라져 가는 마지막 빨간 놀의 한가운데에 꼼짝 않고 가만히 떠 있는 최후의 무의미한 바위로부터 사라져 없어진 그 때까지도, 또한 다른 하나의 울림, 아직도 말을 이어가고 있는 인간의 아주 조그마한 끊이지 않는 소리가 들려 올 것이라는 것은 어렵지 않은 일입니다.

　나는 이것을 받아들일 것을 거부합니다. 나는 믿습니다. 즉, 인간은 단지 인내할 뿐만 아니라, 반드시 승리를 거두리라는 것을.

　인간이 불멸일 수 있는 것은 모든 생물 가운데에서 오직 인간만이 끊어지지 않는 소리를 지니고 있기 때문이 아니고, 인간이 영혼을 동정하고, 희생이 되어 죽고, 인내력(忍耐力)이 있는 정신을 지니고 있기 때문입니다. 시인(詩人)과 작가의 의무는 이러한 사실에 관하여 묘사해야만 합니다. 인간의 마음을 고상하게 하고, 과거의 영광이었던 용기·명예·희망·자랑·동정·연민(憐憫)·희생의 추억을 기억하게 함으로써, 인내력을 인간에게 빌려 주는 것이 그의 특권입니다. 신이 외치는 소리는, 다만 인간에 관한 기록이라는 것에만 한정할 필요는 없습니다. 그것은 인간이 인내하고 또한 승리를 거두는 데 도움이 되어야 할 지탱(支撐), 혹은 기둥의 하나가 될 수 있는 것입니다.
노벨 문학상 수상 연설

* '있었다' 라는 것은 결코 존재하지 않는다. 다만 '있다' 만이 존재할 뿐이다. 만일 '있었다' 가 존재한다고 하면, 탄식이나 비애(悲哀)는 모두 없어지고 말 것이다. 파리 레뷔에 의한 인터뷰

헤밍웨이

(Hemingway Ernest 미국; 1899~1961)

당신들은 개처럼 죽을 것이다.

　＊ 나는 언제나 신성하다든가 영광이라든가 희생이라든가 공허(空虛)하다든가 하는 표현에 당혹했던 것이다. 우리들은 때때로, 불러도 들리지 않을 것 같은 거친 비바람 때문에 외치는 소리만이 겨우 다시 들려오는 것을 들은 적도 있으며, 지금으로서는 아주 옛날 이야기지만, 삐라를 붙이러 다니는 사람이 다른 포고문 위에 또 딱 덧붙이고 간 포고문 위에서 그러한 말을 읽어 본 적도 있었다.

　그러나 나는 아직 신성한 것을 아무것도 본 적이 없었다. 영광이라는 것도 전혀 영광이 아니며, 희생은 마치 시카고의 도살장과 흡사하였다. 다만 이쪽은 고기를 먹지 않고 매장하여 버리는 것만이 다른 것이다. 듣기 거북한 말이 있으며, 결국은 장소의 이름만이 위엄을 지니게 되는 것이다.

어느 번호 따위도 그러하며, 어느 일자(日字)도 그러하며, 장소의 이름과 함께 이들의 것만이 말할 수 있는 것이고, 무슨 의미를 부여할 수 있는 것이었다. 영광이라든가 명예라든가 용기라든가 신성이라든가 도로의 번호라든가 하천의 이름이라든가 연대(聯隊)의 번호라든가 일자라든가 하는 것의 곁에 놓으면 불결했던 것이다. 무기여 잘 있거라

* 나는 모든 것을 지불했다고 생각하고 있었다. 여성이 지불하고, 또 지불하려는 것과 같은 값싼 것이 아니며, 또한 응보라든가, 벌(罰)과 같은 것도 아니다. 단지 가치(價値)의 교환을 말하는 것이다.

그 무엇인가를 버리고, 다른 그 무엇을 얻는 것이다. 또는 무엇인가를 구하여 일하는 것이다. 그 무엇인가 사회에 이바지할 수 있는 것을 위하여 좌우간 지불하는 것이다. 나는 내가 즐기고 원하는 것을 충분히 얻을 수 있도록 지불했기 때문에 즐거웠던 것이다. 그것들을 추억하기도 하고, 경험하기도 하고, 모험을 하기도 하고, 금전을 사용하기도 하여 지불하는

것이다.

  생활을 즐긴다는 것은, 자기의 금전에 해당하는 가치 있는 것을 획득하는 일을 배우고 그것을 손아귀에 장악했을 때를 지실(知悉)하는 일이다. 그러면 금전에 해당하는 가치 있는 것을 손아귀에 장악할 수 있는 것이다. 이 세상이란 곳은 쇼핑하기에 참으로 알맞은 장소이다. 이것은 훌륭한 철학과 같이 생각되는 것이다. 그러나 이것도 5년이 경과하면, 이전에 생각한 바 있는 다른 훌륭한 철학과 마찬가지로 어리석다고 생각하게 될 것이다.

  그러나 아마 그것도 올바른 생각은 아닐 것이다. 성실하게 삶을 영위하여 가는 동안에 확실히 그 무엇인가를 깨닫게 되는 것이다. 그러나 그것이 도대체 어떠한 것인지에는 별로 관심이 없다. 우리가 알고자 하는 것은 오로지 어떻게 삶을 영위해 가느냐 하는 것이다. 대체로 그 곳에서 어떻게 삶을 영위해야 하는가를 발견한다면, 인생이 대체로 무엇인지도 깨닫게 되리라. 해는 또다시 뜬다

스타인벡

(John Steinbeck; 1902~1968)

인간은 언어에 의해서만 인간이다.

* 미국의 서부 지방은 이제 비롯되고 있는 변화에 대하여 두려워하고 있다. 지주들은 그 변화의 성질을 알지 못하면서도 변화를 두렵게 느끼고 있었다.

그들은 강화되는 정치를, 성장되어 가는 노동자의 단결을, 새로운 과세를, 그리고 새로운 정책을 공격했던 것이다.

―이러한 사태가 분명히 결과이지 원인은 아닌 것이다. 원인은 더욱 깊은 데에 있으며, 더구나 간단한 데 있는 것이다.―

원인은 백만 배로 증가한 사람의 위부(胃腑) 속의 굶주림, 또 백만 배로 증가한 하나의 정신 속의 굶주림, 희열(喜悅)과 얼마 안 되는 보증에 대한 굶주림이며, 백만 배로 증가하고 싶다, 성장하고 싶다, 일하고 싶다, 창조하고 싶다고 열망하는 근육과 마음인 것이다.

최후의 명백하고도 결정적인 인간의 기능—일하고 싶어서 쑤시는 근육, 다만 한 개인의 요구 이상의 것을 창조해 내고자 쑤시는 마음—이것이 인간인 것이다. 벽을 만들고 주택을 건축하며, 댐을 건설하고, 그리하여 그 벽과 주택과 댐 속에 자기 자신을 열중하게 하는 것, 그리고 그 건설에서 늠름한 근육을 육성하고, 그 구상에서 명확한 선과 형과를 찾아내는 것. 인간이란 그러한 것이다.

왜냐 하면, 인간은 우주에 있는 각양각색의 조직체 중의 어느 것과도 달라서, 자기가 창조한 것을 뛰어넘고, 자기의 사상의 테두리를 디디고 넘어서 자기가 성취한 것의 저 편에 나타나는 것이기 때문이다.

인간은 때로는 오류를 범하면서도, 다리를 뻗고 발이 걸려 넘어질 뻔하면서도 전진하는 것이다. 미끄러워서 뒷걸음질할지도 모르겠으나, 그러나 그것은 얼마 안 되는 반 걸음 정도이고, 결코 완전한 한 걸음을 후퇴하는 일은 결코 없다.

만일 한 걸음이 내디뎌져 있지 않다면, 혹시 발이

걸려 넘어질 뻔하면서도 전진하고자 하는 의욕이 살아 있지 않다면, 폭탄도 낙하하지는 않으리라. 목격자가 살아 있고, 더구나 폭탄을 낙하하지 않게 되었을 때를 두려워해야 한다. 왜냐 하면 폭탄의 하나하나는 정신이 아직 사멸하지 않았다는 뚜렷한 증거이기 때문이다

그리하여 대자본가들이 살아 있고, 더구나 스트라이크가 정지당하고 있을 때를 두려워해야 한다. 왜냐 하면 사소한 패배에 흙투성이가 된 스트라이크도 그것은 전진의 일보가 내디뎌져 있다는 증거이기 때문이다.

서부 지방의 여러 주도 비롯되고 있는 변화에 두려워하고 있었다. 궁핍(窮乏)은 사상에의 자극이 되는 것이다. 이제 거기서는 50만의 인간이 이동하고 있으며, 백만의 인간이 이동하고자 하고 있고, 다시 천만의 인간이 최초의 공포를 느끼기 시작하고 있는 것이다. 분노의 포도

보부아르

(Simone de Beauvoir 프랑스; 1908~)

사람은 여자로 태어나지 않는다. 여자가 되는 것이다.

* 현재는 과거를 내포하고 있으나, 그 과거의 역사는 남성에 의해서 창조된 것이다. 여자들이 세계의 지도자층에 등장하려 하고 있는 현재도 이 세계는 아직 남자의 손아귀에 완전히 장악되어 있다. 남자는 그러한 사실을 불가사의하게 생각하지 않으며, 여자도 이러한 체제를 거의 의심하려 하지 않는다.

'타자(他者)'임을 거부하고, 남자와의 공모를 거부하는 것은 여자에게는 상류 계급에서 부여할지도 모르는 이익을 남김없이 단념하게 되는 것이다. 영주(領主)인 남자는 자기에게 헌신적인 여자를 물질적으로 보호해 주며, 그의 존재를 의의(意義) 있게 해 주는 것이다.

여자는 경제적인 위험을 회피함과 동시에 자력으

로 목적을 만들어 가야만 하는 자유라는 형이상학적인 위험도 회피하게 되는 것이다…….

여자를 '타자'로 취급하고 마는 남자는 여자 가운데서 뿌리깊은 공모성을 발견한다. 이리하여, 여자는 구체적인 수단을 지니지 않으므로 주체가 될 것을 강력하게 요구하지 않게 된다. 여자는 자기를 남자에 대하여 상호성(相互性)을 인정함이 없이 동여매어 놓고 있는 필연적인 동반자로 느끼고 있기 때문이며, 가끔 여자는 그 '타자'의 역할에 만족하며 봉사하고 있기 때문이다. 第二의 性

* 오늘날의 여자는 여성적이라는 것의 신화를 정복해 가고 있으며 그 독립성을 더욱 더 구체적으로 확립해 가고 있다. 그러나 그녀들이 그 인간 존재로서의 조건을 완전히 살리기에 성공하는 것은 결코 그다지 순탄한 일만은 아닌 것이다.

여자의 손으로 세계의 내부에서 키워지는 그녀들의 통상적 운명은 그녀들을 다시금 너욱 남자에게 굴종(屈從)하게 하는 결혼인 것이다. 第二의 性

카 뮈

(Albert Camus 프랑스; 1913~1960)

행복이란 그 자체가 긴 인내이다.

* 진실로 중대한 철학 문제는 하나밖에 없다. 그것은 자살이다. 인생이 삶을 영위할 가치가 있는지 없는지를 판단하는 것이야말로 철학의 근본 문제에 대한 답변인 것이다. 즉, 인생을 긍정하고 자살을 거부해야 하는 것이다. 부조리와 자살

* 이 세계는 그것 자체로서는 합리적이 아니다. 우리가 이 세계에 관해서 말할 수 있는 것은 이것뿐이다.
그러면 무엇이 부조리인가? 그것은 이 이해를 거부하는 것(세계)과 인간의 가장 깊은 곳에 호소를 하고 있는, 저 미친 것 같은 명석한 이해에의 원망(願望)과 대결인 것이다. 부조리의 벽

* 산꼭대기로 향하려는 투쟁심, 그것이 인간의 마음을 충분히 행복으로 가득 차게 해 준다. 이는 행복한 시지프스를 마음 속에 그려 봄으로써 이룩할 수 있다.

　시지프스는 신을 배반한 형벌로 무거운 돌을 산꼭대기까지 운반해야만 하는데, 일단 정상에까지 도달하면 돌은 순식간에 산기슭으로 굴러떨어져 버린다. 그래서 시지프스는 한없이 이 헛수고를 되풀이해야만 한다. 이 노력 그 자체에 시지프스의 행복이 깃들여 있기 때문이다. 시지프스의 신화

　* 어디에 상위점(相違點)이 있었는가? 그것은 그대들이 경솔하게도 절망이란 그 자체를 긍정한 것과 내가 절대로 그것에 동의하지 않았던 그 점인 것이다.

　그대들 자신이 그 부정에 가담한 만큼 인간의 부정에 있어서 조건부의 부정을 인정하고 있으나, 나는 그 반대로, 인간은 영원한 부정에 대하여 투쟁하기 위해 정의를 긍정해야 하며, 이 불행한 세계에 대해서 항의하기 위해서 행복을 창조해야만 된다고 생각하는 것이다. 독일인에게 보낸 편지-제4의 편지

* 우리 인간들이 겪어야만 하는 나날의 고난 가운데에서 반항은 사고(思考)의 영역에 있어서의 '나는 사색하노라.'와 동일한 역할을 하는 것이다. 따라서 반항이 제일의 증명이 된다.

　그러나 이 증명은 개인을 고독으로부터 끌어낸다. 반항은 모든 인간에게 최초의 가치를 조성하게 하는 공통적 태도이다. 따라서 '나는 반항한다 고로 존재한다.'고, 말하지 않으면 안 된다. 반항적 인간

소크라테스 · 플라톤

(Socrates 그리스; 470?~339 BC · Platon 그리스; 427?~347 BC)

너 자신을 알라.

* 자, 그러면 무엇 때문에 내가 이러한 말을 하는가 생각해 주기 바라오. 그것은 즉 나에 대한 중상이 어디서 생겼는가를 지금부터 여러분에게 가르쳐 드리고자 하기 때문이오. 말하자면 나는 방금 그 신탁 이야기를 듣고 속으로 생각했었소.

'신은 대체 무슨 말을 하려 하고 있는 것일까? 신은 대체 무슨 수수께끼를 내고 있는 것일까? 나는 크고 작고 간에 나 자신이 결코 지혜 있는 자가 아니라는 것을 알고 있으니 말이다. 그렇다면 나를 가장 지혜 있는 자라고 선언함으로써 대체 신은 무슨 말을 하고자 하는 것일까? 신은 적어도 거짓말을 할 까닭이 없으니 말이다. 왜냐 하면 그것은 신으로서 있을 수 없는 일이기 때문이다.'

하고 말이오. 그리고 나는 오랜 시간 동안,
 '대체 신은 무슨 말을 하고자 하는 것일까?'
하고 곰곰이 생각했었소. 그리하여 간신히 무언가 다음과 같은 방법으로 그 뜻을 알아보기로 한 것이오. 그것은 누군가 지혜 있는 사람으로 여겨지는 사람 중의 하나를 찾아보는 것이었소. 다른 곳은 고사하고, 그 곳에 가면 그 신탁에 반박하여,
 "이 사람이 나보다 지혜가 더 있습니다. 그런데 당신은 나를 지혜 있는 자라고 말씀하셨습니다."
하고 신탁에 대해서 똑똑히 말할 수 있을 것이기 때문이오. 그런데 그 사람을 자세히 살펴보고—굳이 이름을 들어서 말할 필요는 없고, 그 사람은 정치가의 한 사람이었소.—그 사람을 상대로 문답을 하면서 관찰하고 있는 동안에, 아테네 시민 여러분! 무언가 이런 것을 느낀 것이오. 이 사람은 많은 사람들에 의해서 지혜 있는 사람으로 간주되고 있으며, 아울러 자기 자신이 가장 그렇게 생각하고 있지만, 실은 그렇지 않았구나, 하고 말이오.

 그래서 그 뒤부터 나는 그 사람이 자신은 지혜 있는 사람인 줄로 알고 있지만 그렇지 않다는 것을 똑

똑히 알리려고 애를 썼소. 그 결과 나는 그 사람과 그 자리에 있던 많은 사람들에게 미움을 받게 된 것이오.

그래서 집으로 돌아가는 길에 나는 스스로 생각했었소. '나는 이 사람보다 지혜가 있다. 왜냐 하면 우리는 두 사람이 다 착하고 아름다운 것을 도무지 모르고 있는데도 이 사람은 무언가 알고 있는 듯이 생각하고 있지만 나는 모르니까, 그대로 모른다고 생각하고 있기 때문이다. 즉, 나는 모르는 것을 모른다고 생각하는 오직 그것만으로 내가 더 지혜가 있는 모양이다.' 하고 말이오.

그리고 거기서 나는 그 사람보다 더 지혜가 있는 듯한 사람을 찾아갔는데, 역시 나는 같은 생각을 한 것이오. 그리고는 그 곳에서도 그 사람과 다른 많은 사람들의 미움을 사게 된 것이오. 소크라테스의 〈변명〉

* 그러나 재판관 여러분! 죽음에 대해서 좋은 희망을 갖고 있어아 하오. 그리고 좋은 사람에게는 살아 있을 때나 죽은 뒤에나 나쁜 일은 하나도 없으며, 그 사람은 무엇을 하더라도 신의 배려를 받지 않는

일이 하나도 없다는 이 한 가지를 진실로써 마음에 새겨 두어야 하오.

  내 일도 까닭없이 지금 생긴 것이 아니오. 벌써 죽어서 여러 가지 힘드는 일로부터 해방되는 편이 나를 위해서는 오히려 좋았다는 것을 똑똑히 알 수 있소. 그래서 신의 예언도 나를 어디에서나 저지하지 않았던 것이오. 그리고 나는 내게 유죄 판결을 한 사람이나 나를 고발한 사람들에 대해서 별로 화를 낼 생각은 없소.

  하기야 그 사람들은 이런 것을 생각하고 나를 고발하거나 유죄를 판결한 것이 아니라, 오히려 해칠 작정이었으니, 그 점에서 그 사람들은 마땅히 비난을 받아야 할 것이오.

  그러나 내가 그 사람들에게 바라는 것은 다만 이것뿐이오. 즉, 내 아들들이 성인이 되거든 여러분!

  내가 여러분을 괴롭힌 것과 똑같은 일로 그 애들을 괴롭혀서 분풀이를 해 주시오. 만일 그 애들이 자기 자신을 훌륭하게 만드는 것보다도 금전이나 그 밖의 일에 먼저 뜻을 두는 것처럼 생각되거든, 혹은 하등 보잘것도 없는데 벌써 무엇이나 된 것처럼 생각하고 있는 듯이 보이거든 그 애들이 유의할 일엔 유의하지 않고 하찮은 인간들이면서 제법 무언가 상당한 인물이나 된 것처럼 생각하고 있다고 내가 여러분에게 했듯이 그 애들을 나무라 주시오.

만일 여러분이 그렇게 해 준다면, 나 자신도 아들도 여러분에게 올바른 대우를 받은 것이 될 것이오. 그러나 이제 끝을 맺어야겠소. 시간이 되었구려. 이제 가야 하오. 나는 죽기 위해서, 여러분은 살기 위해서 그러나 우리 앞길에 기다리고 있는 것은 어느 쪽이 더 좋은지 아무도 분명히 모르오. 신이 아니고서는. 소크라테스의 〈변명〉

* 철학자가 왕이 되거나 현재의 왕이나 군주들이 진지하게, 그리고 철저히 철학을 하거나 하여 지혜와 정치적 지도력이 동일인에게 겸비될 때까지…… 국가와 인류에 있어서 결코 재화는 그치지 않을 것이다. 플라톤의 〈국가론〉

* 교육의 원칙은…… 어릴 적에 마음에 심어 주어야 하지만, 그러나 그것에 강제가 있어서는 안 된다.

왜냐 하면 자유인은 지식의 습득에 있어서도 자유인이어야 하기 때문에…… 억지로 가르친 지식은 그 머릿속에 오래 머물지 않는다. 그러므로 초기의 교육은 강제로 할 것이 아니라, 일종의 오락이 되도록 할 것이니, 이로써 아동의 자연적 경향을 잘 알 수 있다.
플라톤의 〈국가론〉

* 에로스는 언제나 가난하여, 많은 사람들이 생각하고 있는 것과 같은 상냥함과 아름다움은 전연 없다. 오히려 거칠고 건조하며, 맨발이며, 집도 없고 언제나 땅바닥에 드러눕고 잠자리도 없으며 문간이나 길바닥에서 잔다. 그것은 어머니(페니아)의 성질을 닮아 항상 궁핍과 함께 있기 때문이다.

그러나 다른 면에서도 부친(포로스)의 성질을 물려받아 아름다운 것과 좋은 것을 노리며 용감하고 저돌적이며, 열렬하여 무서운 사냥꾼이다. 그리고 언제나 무언가 연구하고 지혜를 구하며, 그것을 이룩할 힘을 가지며 평생 지혜를 사랑하고 무서운 마술사와 마약을 만드는 지자인 것이다. 플라톤의 〈향연〉

* 철학의 가장 중요한 점에 대해서 나는 책도 쓰지

않았으며, 또 이제부터 쓰는 일도 없을 것이다. 왜냐하면 그것은 다른 학문과 같이 말로 나타낼 수 있는 것이 아니기 때문이다. 아니, 그것은 그 일 자체를 중심으로 하여 많은 교제를 거듭하고, 생활을 함께하고 있는 중에 갑자기 마치 불꽃이 튀어와 불붙듯이 그것이 영혼 속에 생겨서 자기 자신을 키워 나가는 것이다. 플라톤의 〈제7서한〉

에피쿠로스

(Epicuros 그리스; 341?~27 BC)

죽음을 두려워하지 말라.

* 죽음이 우리에게 아무것도 아니라는 생각에 익숙하도록 하라. 선악은 모두가 감각에 있지만 죽음은 감각의 상실이기 때문이다. 그러므로 죽음이 우리에게 아무것도 아니라는 올바른 생각은 인생의 유한성을 바람직하게 만든다.

이는 인생에게 무한한 시간을 가함으로써가 아니다. 불사(不死)에 대한 욕망을 제거함으로써 그러하다. 왜냐 하면 살아 있지 않다는 것은 조금도 두려운 것이 아니라는 사실을 진정으로 깨닫는 자에게는 인생에 있어서 그 무엇이든 두려울 것이 없기 때문이다.

죽음을 두려워하는 것은 죽음이 닥쳐왔을 때의 고통 때문이 아니라, 장차 닥쳐올 죽음을 예상하는 것이 현재 괴롭기 때문이라고 말하는 사람은 어리석다. 왜냐 하면 현재에 있어서 미래는 어느 시기에 고통을 주지 않는 사실을 예상하고 괴로워하는 것은 무의미한 일이기 때문이다.

그러므로 가장 무서운 악인의 죽음은 나에게 있어서 아무것도 아니다. 왜냐 하면 우리가 존재할 때에는 이미 우리는 존재하지 않으며, 죽음이 닥쳐왔을 때엔 이미 우리가 존재하고 있지 않기 때문이다. 메노이케오스에게 보낸 편지

* 올바른 사람은 가장 평안한 심경에 있으나, 부정한 사람은 극도의 혼란에 차 있다. 주요교설—17

* 많은 사람들은 재물을 획득하면 모든 악에서 빠져 나오려 하지 않고, 보다 큰 악으로 전향하는 것이다. 단편—B72

* 정의의 최대의 열매는 마음의 평정이다. 단편 —80

* 너에게는 황금의 침대나 풍족한 생활을 하면서

근심·걱정이 충만되어 있기보다는 짚을 넣어서 만든 이불에 누워 공포에서 벗어나, 자유의 몸이 되는 것이 편할 것이다. 단편—48

 * 푸토크레스로 하여금 부자가 되게 하려면 돈을 더 주지 말고, 그의 욕망을 억제시키시오. 단편—B28

아리스토텔레스

(Aristoteles 그리스; 384~332 BC)

인간은 정치적 동물이다.

* 인간이 벌이나 다른 군집 동물보다 더 큰 규모의 정치적 동물이라는 이유는 분명하다. 왜냐 하면 자연은 목적 없이는 아무것도 하지 않으며, 동물들 가운데서도 인간만이 언어를 가지고 있기 때문이다. 정치학

* 누구든지 성을 낼 수 있다─그것은 쉬운 일이다. 그러나 올바른 대상에게 올바른 정도로, 올바른 시간에, 올바른 목적으로, 올바른 방식으로 성을 내는 것─그것은 모든 사람들이 할 수 있는 일이 아니며, 쉬운 일도 아니다. 니코마코스 윤리학

* 즐거워해야 할 것을 즐거워하고, 싫어해야 할 것을 싫어하는 것은, 뛰어난 성격의 가장 위대한 처신

이다. 니코마코스 윤리학

* 재산의 수준을 높이기보다는 욕망의 수준을 낮추도록 애쓰는 편이 오히려 쉽다. 정치학

* 그르게 되는 길에는 여러 가지가 있으나, 바르게 되는 길은 단 하나밖에 없다. 이것이 바로 실패하기는 쉽고 성공하기는 어렵다. 즉, 목표를 빗나가기는 쉬우나 목표를 맞추기는 어려운 이유이다.
니코마코스 윤리학

* 사회에서 살 수 없는 자, 혹은 혼자 힘으로 충분하여 그럴 필요가 없는 자는 짐승이거나 신임에 틀림없다. 정치학

* 주로 관심과 애정을 불러일으키는 두 가지의 요인은 어떤 물건이 너 자신의 소유물이라는 점과, 그것이 너의 유일한 소유물이라는 점이다. 정치학

* 민주주의는 어떤 한 점에서 평등한 사람들은, 모든 점에서 평등하다는 개념으로부터 발생한다. 왜냐

하면 인간들은 다같이 자유롭기 때문에 완전히 평등하기를 요구하는 것이다. 정치학

  * 만일 몇몇 사람들이 생각하고 있는 것처럼 자유와 평등이 주로 민주주의에서 발견되는 것이라면, 그것들은 모든 사람들이 다같이 정부에 최대한으로 참여할 때 가장 잘 이루어진다. 정치학

  * 평등은 비슷한 사람을 똑같이 대우하는 데 존재한다. 정치학

  * 우리에게 책임이 있는 과실은 책망을 받지만, 우리에게 책임이 없는 것은 책망받지 않는다.
니코마코스 윤리학

  * 친구가 우리에게 베풀어 주기를 바라는 행동을 우리는 친구에게 베풀어 주어야 한다.
디오게네스 라에르티우스—아리스토텔레스

  * 시는 역사보다 더 철학적이고 근엄하며 더 중요한 무엇이다. 역사가 말해 주는 것은 독특한 것들이지만 시가 말해 주는 것은 보편적인 성격을 띠고 있

기 때문이다. 詩學

* 비극은 진지하고 역시, 그 자체로서 장엄하게 완전함이 있는 행동의 모방이다. ……그것은 연민과 공포를 불러일으키는 사건들을 가지고 그로 인하여 그러한 정서의 정화(精華)를 이룩한다. 詩學

* 사람은 모두 선천적으로 지식을 갈망한다. 형이상학

* 교육은 노년기를 위한 가장 훌륭한 대책이다.
디오게네스 라에르티우스—아리스토텔레스

* 교육은 번영할 때는 더욱 빛을 더해 주는 장식품이요, 역경에서는 몸을 의탁할 수 있는 보호처가 된다. 디오게네스 라에르티우스—아리스토텔레스

* 교육의 뿌리는 쓰지만 그 열매는 달다.
디오게네스 라에르티우스—아리스토텔레스

* 가장 훌륭한 정치적 공동 사회는 중류층 시인으로 이루어진다. 정치학

* 국가는 좋은 생활을 위해서 존재하지, 생활만을 위해서 존재하지 않는다. 정치학

* 열등한 자들은 동등하게 되기 위하여 모반하며, 동등한 자들은 우월하게 되기 위하여 반역한다. 이것이 바로 혁명을 일으키는 마음의 상태이다. 정치학

* 격언대로 시작이 전체의 반이다. 정치학

세네카

(Seneca 로마; 4? BC.~AD 65)

인간은 이성적 동물이다.

* 그리고 만약 당신이 주의한다면 인생의 최대의 부분은 아무것도 하지 못하고 있는 사이에, 한평생은 군일을 하는 사이에 지나가 버리는 것을 알게 될 것입니다. 당신은 나에게 누군가가 이들 시간에 가치를 두는 사람, 하루하루를 평가하는 사람, 날마다 자기가 죽어가고 있음을 아는 사람을 보여 줄 수 있겠습니까? 우리가 죽음을 앞에 놓고, 이제 곧 죽는다고 생각하는 것은 그릇된 것이며 죽음의 대부분은 우리 속에서 이미 죽어 버린 것입니다. 편지—ㄴ

* 우리가 갖고 있는 시간은 결코 짧은 것은 아닙니다. 그러나 우리는 많은 시간을 낭비하고 있습니다. 인생은 길며 만약 그 모든 것을 잘 활용한다면 매우

위대한 사업을 완성하는 데 필요한 시간은 충분히 주어져 있습니다. 그러나 만약 사치스럽게 그리고 멍청히 허송 세월을 하거나 좋지 않은 일에 세월을 보내거나 한다면 결국 우리들은 중요한 고비에 이르러서는 세월이 지나갔다고 생각하지 못하는 사이에 세월이 지나쳤음을 알아차리지 않을 수밖에 없습니다. 그와 똑같이 우리들이 향유하고 있는 세월은 결코 짧은 한평생은 아니며, 우리가 짧게 만들고 있습니다.

또 우리에게 세월이 부족한 것은 아니며, 우리가 그것을 낭비하고 있습니다. 제왕이 갖고 있는 것과 같은 많은 재산도 불량한 사람의 수중에 들어간다면 잠깐 사이에 탕진하여 버릴 것이지만, 설사 조그마한 것이라도 혹시 훌륭한 관리인들에게 맡겨진다면 그들은 그것을 이용하여 늘리는 것과 같은 것이며, 우리의 한평생도 잘 수배함으로써 긴 세월을 가질 수 있는 것은 분명한 사실입니다. 삶의 짧음에 관하여—3, 4

* '어째서 선량한 사람들에게 많은 불행이 닥쳐올까요?' 선량한 사람에게는 어떤 불행한 일도 발생할 수 없습니다. …… 그러나 그는 그러한 일에 무감각

한 것이 아니며, 그것을 극복하는 것입니다. 그는 모든 불행을 시련으로 여기는 것입니다. …… 그대는 아버지와 어머니의 사랑하는 방법이 어떻게 다른가를 모릅니까? 아버지는 자식들에게 아침 일찍 일어나서 직장에 나가도록 명령하며, 휴일이라도 가만히 노는 것을 용서치 않습니다. 그리고 그들로부터 비지땀을 흘리게 하고, 때로는 눈물을 자아내게 합니다.

그러나 어머니는 그들을 품에 안고 절대로 비참한 고생을 하지 않도록 감싸 주는 것입니다……. 신은 선량한 사람들에 대해서는 아버지의 마음으로 그들을 남자답게 사랑하며, 그리고 '진실로 실력을 배양하도록, 노고와 상처로써 괴롭혀 주어야 하지 않겠느냐.'고 말하는 것입니다. 섭리에 관하여—2

* 인간은 이성적 동물이다. 서한집

에픽테토스

(Epictetos 로마; 55?~135?)

어느 사람이건 자유인이 아니다.

* 죽음이라든가 추방이라든가 모든 두렵게 생각되는 것을 매일 눈앞에 그려 보는 것이 좋다. 그 중에서도 특히 죽음을. 그리하면 그대는 결코 어떤 비천한 생각을 하지 않을 것이며 또 분수에 지나치게 욕심을 내지도 않을 것이다. 提要

* 그것들〔자기의 것이 아닌 것〕에 대한 애착심을 갖지 않는 것이 좋다. 그러면 필요성이 없어진다. 그 때는 그들이 필요하지 않게 될 것이다. 어록—Ⅳ, 110

* 서투른 비극 배우들이 혼자서 노래를 하지 못하고 많은 사람과 함께 노래하듯이 어느 사람들은 혼자 인생을 걸어가지 못한다. 그대여! 만약 그대가 훌륭

한 사람이라면, 혼자서 인생을 걸어가며 그대 자신과 말을 하여라. 그리하여 합창 속에 숨지 않는 것이 좋다. 그대가 어떠한 인물이라는 것을 알게끔 한번 조소를 해 보는 것이다. 어록 —Ⅲ, 13,1~3

* 어쨌든 우리는 모든 것 중에서 가장 불유쾌하고, 가장 더러운 육체를 사랑하기도 하고, 돌보아 주고 있는 것이다. 그러나 5일 동안이나, 이웃 사람의 신세를 돌보아 주어야 한다면 우리는 참으로 견디어 내지 못할 것이기 때문이다. 아침에 일어나서 남의 치아를 닦아 주고 무엇인가 부득이한 일〔예컨대 배변 따위〕이라도 한다면, 그 국부를 닦아 준다는 일이 어떤 일인가를 생각해 보는 것이 좋다. 날마다 그와 같이 돌보아 주어야만 되는 것은 참으로 놀라운 일이다.
단편—23

* '그러나 어느 누군가가 여러분에게 허위라고 생각되는 것을 승인하도록 강요할 수 있겠는가?' '어느 누구도 할 수 없습니다.' '또 어느 누군가가 진리라고 생각되는 것을 승인하지 못하도록 강요할 수 있겠는가?' '어느 누구도 할 수 없습니다.' '그렇다면 여기

서 여러분은 여러분 속에 무엇인가 본성에 자유로운 것이 있음을 알았을 것입니다.' 단편—Ⅲ, 23, 42

　* 일을 함에 있어서 양다리 걸치기는 금물이다. …… 만약 당신이 전자를 원한다면 후자를 상실할 것이다. 혹 그렇지 않다면 두 마리의 토끼를 쫓게 되어 전자·후자의 어느 것도 모두 잃을 것이다.
단편—Ⅳ, 10, 25

　* 참으로 교양 있는 사람들에게 가장 아름답고, 가장 어울리는 것은 평정이며, 무외(無畏)이며 자유이다. 단편—Ⅱ, 1, 21

　* 자기 자신이 주인이 되지 못하는 자는 어느 사람이건 자유인이 아니다. 단편—35

키케로

(Cicero 로마; 101~43 BC)

천재는 근면으로 길러진다.

* 우정의 윤리로써 우선 정하고 싶은 것은 이렇다. 친구에게서는 그 이름에 부끄럽지 않은 일은 하고, 그리고 구할 때까지 기다리지 말고 언제나 노력하고, 좋은 권고를 해 주는 친구의 우정에는 그 권위를 가장 존중해야 한다. 또 권위와 충고를 위해서 쓸 경우에도 분명해야 할 뿐 아니라, 일의 경우에 따라서는 엄격하게 그것을 사용하고 그것을 받았을 때에는 순종하는 일이다. 우정론

* 우정을 제거하고 나면 인생에는 어떤 쾌락이 있을 것인가. 프란키우스 변호

* 사람들의 마음을 달래어 자기에게 쓸모 있게 그

들을 이끄는 것이 덕의 본성이라고 믿는다. 의무론

 * 지혜란 자기가 구할 것과 또한 피할 것에 대한 지식이다. 의무론

 * 금전에 대한 욕심을 억제해야 한다. 부(富)를 사랑하는 만큼 도량이 좁고 비소(卑小)한 정신은 없다. 갖고 있지 않더라도 금전을 무시하고, 갖고 있더라도 그것을 친절함과 관대함에 맡기는 것만큼 고귀하고 장대한 것은 없기 때문이다. 의무론

 * 선악을 분별해서 말하지 못하는 것이 인간 생활의 최대 번민이다. 한계론

 * 얼굴은 마음의 초상이요, 눈은 마음의 밀고자이다. 수사학

 * 조물주의 의사에 따라 생기는 일은 무엇이든 선이라고 생각해야 한다. 노년론

* 자연에 의해 완성된 것들은, 예술에 의해 만들어진 것보다 낫다. 神의 本性

* 나무를 심으면 다음 세대에 이익이 된다. 노년론

* 잘못을 저지르는 것은 모든 인간의 속성이다. 그러나 바보들만이 잘못을 계속한다. 안토니우스 배격론

* 운동과 절제는 노경에 이르기까지 젊은 시절의 힘을 어느 정도 보존해 준다. 노년론

* 눈썹과 눈, 그리고 안색은 우리를 자주 속인다. 그러나 가장 우리를 잘 속이는 것은 말이다. 서한집

* 샘 자체도 목마른 법이다. 서한집

* 오늘날 도덕은 부를 숭배함으로써 부패되었다. 의무론

* 인생은 언제 어디서나, 공적이든 사적이든 의무를 면할 수는 없다. 의무론

* 아첨은 악덕의 시녀이다. 우정론

  * 자기 자신보다 더 현명한 충고를 줄 수 있는 사람은 없다. 서한집

  * 나는 더 이상 보답할 수도, 응징할 수도 없는 지금에 와서야 나의 친구들 중에서 어떤 자가 진실하며, 어떤 자가 거짓된가를 깨달았다. 우정론

  * 먹기 위해 살지 말고, 살기 위해 먹으라. 수사학

몽테뉴

(Montaigne, M. Eyquem 프랑스; 1533~1592)

나는 무엇을 알리요.

　* 무엇인가를 탐구하는 사람은 결국 다음과 같은 어느 한 가지에 생각이 미치게 될 것이다. '나는 이러한 것을 알게 되었다.'고 말하든지 '알 수가 없었다.' 또는 '나는 아직도 알려고 노력하고 있는 중이다.'라고 말하기 때문이다. 모든 철학은 위와 같은 세 가지 종류로 나뉘게 된다. 수상록

　* 이러한 '회의(懷疑)' 사상은 '나는 무엇을 아는가?' '크 세쥬(Que sais Je)?'라는 의문형(疑問形)에 의하여 더한층 확실하게 표현된다. 나는 이것을 한 개의 금언(金言)으로 마음에 새겨 두고 있다. 수상록

　* 현자(賢者)는 살 수 있는 데까지 사는 것이 아니

라, 살지 않으면 안 되리만큼 사는 것이다. 우리들이 자연으로부터 물려받은 가장 고마운 선물, 즉 그 덕택에 우리의 인간적 조건에 대하여 불평을 하지 않는 선물은 진퇴의 열쇠가 되는 것이다. 자연은 인생의 입구는 하나밖에 정하지 않았으나, 그와 반대로 출구는 무수히 부여해 주었다.

그러나 이것은 단 한 가지 병에만 듣는 약은 아니다. 죽음은 만 가지 병의 약이다. 그것은 극히 안전한 귀착점이 되는 것이다. 결코 염려할 것까지는 못 된다. 오히려 가끔 소망해야 할 일이다.

인간은 자기가 자기의 결말을 짓는 것이나 자기 아닌 남이 결말을 지어 주는 것이나 결국 다를 바 없다. 자기 자신이 그 그날이 오기를 기다리다 못해 달려가는 것이다. 그 날이 오기를 조용히 기다리는 것이나, 결국 같은 것이다. 그 날이 어느 곳에서 오든 그 날은 그 날대로 오고야 만다. 마치 한 가락의 실이 어디서 잘려지든 간에 그것은 그것대로 실의 전부이며, 또한 그 곳이 실의 끝이다.

가장 뜻있는 죽음이야말로 가장 아름다운 죽음이라 할 수 있다. 인간의 삶은 남의 의지에 의존하는 것이지만 그와 반대로 죽음은 우리들의 의지에 의존한다……. 만일 죽음의 자유를 온당치 못하다고 한다면, 도리어 산다는 것이 일종의 굴종이 될 것이다.

자연에 대하여 가장 단순하게 몸을 맡기는 일은 자연에 대하여 가장 현명하게 몸을 맡기는 일이다.

무지(無知)와 무관심은 훌륭한 머리를 쉬게 하는 데 얼마나 기분 좋고 부드럽고 그리고 건강한 베개일 것인가. 수상록

* 아름다운 영혼이란, 모든 사물에 대하여 개방되고, 준비되어 있는 가장 보편적인 영혼을 말한다. 이러한 영혼은 의당히 교육받을 수 있고, 교육될 수 있는 것이다. 수상록

* 우리들은 여자를 어릴 때부터 연애의 도구로서 키운다. 그 몸가짐이나 예절이나 말씨나 지식에 이르기까지, 모든 교양이 오로지 이 한 가지 목적을 위하여 가꾸고 키워 오는 것이다. 수상록

프랜시스 베이컨
(Francis Bacon 영국; 1561~1626)

지식은 힘이다.

* 인간의 야심을 세 종류, 즉 동급으로 나누어 보는 것도 무익하지는 않을 것이다.

첫째는 자기의 세력을 자기 나라 안에서 확장하고자 하는 사람들의 야심으로서 이것은 저속하여 타락적이다.

둘째는 자기 나라의 세력과 지배를 인류 사회에 확대코자 하는 사람들이 야망으로서, 이는 확실히 전자에 비해 보다 위엄이 있으나, 야망에 있어서는 전자에 못지않다.

그러나 만일 인류 자체의 세력과 지배를 우주 만물에까지 확대코자 시도하는 자가 있다면 그 야심(만일 그렇게 말해도 좋다면)은 의심할 바 없이 다른 야심보다 건전하며, 또 훌륭할 것이다.

하지만 사물에 대한 인간의 지배는 오직 복종함으로써만 지배되기 때문이다. 노붐 오르가눔

  * 진리는 '시세(時勢)'의 딸이지, 권위의 딸은 아니다. 노붐 오르가눔

  * 옳은 국가에는 (우리들이 알고 있듯이) 국민을 형성하고 있는 두 가지 부류, 즉 귀족과 평민이 있다. 이들의 한쪽이 불만일 때에는 위험은 별로 대단한 것은 아니다.
  왜냐 하면 평민은 귀족층에 의해 선동되지 않는 한 행동이 완만하며, 그리고 또 귀족층은 민중이 스스로 행동코자 하는 경향과 용의(用意)가 없는 한 미력하기 때문이다.
  위험한 것은 귀족층이 거사를 하기 위해서 평민층에서 거사의 물결이 닥쳐 오기를 기다리는 때인 것이다. ……따라서 불평과 불만을 무마하기 위해서 적절한 자유를 부여하는 것이…… 안전한 방도이다. 왜냐 하면 혈액을 역류케 하고, 상처가 내부에서 출혈하면 악성 궤양이나 악질 종양이 발생할 위험이 있기 때문

이다.

 * '고독을 즐기는 자는 야수이거나 신이다.' 라고 말한 사람이 있으나, 이와 같이 짧은 말에 그 이상의 진리와 허위를 함께 내포하기는 어려웠을 것이다. 즉, 어느 누군가가 사회에 대하여 천성적인 남 모르는 혐오나 반감을 갖는다면, 어느 정도 야수를 닮고 있다는 것이 진리이다.

그러나 그 사실이 대체로 신의 본성을 조금이라도 갖고 있다는 것은 전혀 허위이다……. 그렇지만 참다운 친구를 못 갖는다는 것은 참으로 비참하기 짝이 없는 고독이다. 참다운 친구가 없으면 이 세상은 황야에 불과하다. 隨想錄

데카르트

(Descartes Rene 프랑스; 1596~1650)

나는 생각한다, 그러므로 나는 존재한다.

* 대체로 세상에서 가장 공평하게 분배되어 있는 것이 양식(良識;봉 상스)이다. 왜냐 하면 누구든지 양식은 충분히 지니고 있으며, 다른 어떤 일에도 만족하지 않는 사람들까지도 여기에 대해서는 지금 자기가 지니고 있는 이상으로 더 필요로 하지 않기 때문이다.

이러한 점에 있어서는 모든 사람들이 그릇된 생각을 하고 있는 것 같지는 않다. 오히려 이것은 진위(眞僞)를 바르게 판단할 수 있는 능력, 다시 말하면 양식 또는 이성(理性)이라고 불리고 있는 것이 모든 인간에 있어서는 평등하다는 증거가 된다.

또한 이러한 해석이 저마다 다른 것은 어느 다른 사람보다 이성적인 데서 오는 것이 아니라, 우리들의 사고 방식을 제각기 다른 각도로 이끌어 나감으로써 같은 것을 생각하고 있지 않기 때문이다.

생각건대, 좋은 정신을 가지고 있는 것만으로는 아직 충분하지 않다. 이것을 좋은 방향으로 이끌도록 노력하는 것만이 긴요하다고 할 것이다. 方法敍說

* 우리는 존재하지 않는 한 의심할 수 없다. 그리고 이러한 것은 우리들이 차지할 수 있는 최초의 확실한 인식인 것이다. ―이제 우리가 조금이라도 의심할 수 있는 일을 모조리 부인하고 모든 것을 위장된 것으로 단정한다면, '신은 존재하지 않는다.' '하늘도 땅도 존재하지 않는다.' '우리의 육체조차 존재하지 않는다.'고 생각하기 쉬울 것이다.

그러나 우리는 그 사물의 진리를 의심하고 있을 때 '우리는 존재하지 않는다.'고 생각할 수는 없다. 왜냐 하면 사고 능력을 갖춘 자가 방금 어떠한 생각을 하고 있을 때 그 사람은 '신은 존재하지 않는다.'고 생각하는 일은 도저히 어려울 것이기 때문이다. 따라서 어떠한 부질없는 착상을 할지라도 '나는 생각한다. 그러므로 나는 존재한다.(고기로 에르고 숨)'라는 결론이 참인 것을 믿지 않을 수 없게 된다. 따라서 이 것이야말로 자기의 사상을 질서 있게 이끌고 나가려는 자에게 있어서 최초로 나타나는 가장 확실한 결론이다. 哲學의 原理

　* 나는 있다, 나는 존재한다. 이것은 누가 보더라도 확실한 사실이다. 그러나 얼마 동안이겠는가? 내가 사고(思考)하고 있는 동안이다. 왜냐 하면 내가 만일 사고하는 것을 정지한다면 그와 동시에 나는 여기 있는 것, 혹은 존재하는 것조차 부정할는지도 모르기 때문이다. 지금 나는 필연적으로 진실이 아닌 것은 무엇이든 부인할 작정이다. 그러므로 나는 지금 사고하는 자일 뿐이다. 다시 말하면 나는 나의 정신·오성(悟性) 또는 이성에 불과하다…….
　사색하는 자란 무엇인가? 그것은 의심하는 자·이해하는 자·긍정하는 자·부정하는 자·욕망이 가득한 자·욕망이 없는 자, 또는 상상(想像)하는 자·사물에 예리한 자인 것이다. 省察

스피노자

(Baruch Spinoza 네덜란드; 1632~1677)

모든 고귀한 것은 드물고 곤란하다.

* 명예와 영광, 그리고 세인의 허영심을 가장 소리 높이 비난하는 사람들이야말로 명예와 영광을 가장 동경한다. 에티카

* 희망 없이 공포는 있을 수 없으며, 공포 없이 희망도 있을 수 없다. 에티카

* 허영심이 강한 사람은 자존심을 갖기 쉽고, 실제로 자기는 모든 사람들에게 귀찮은 존재임에도 불구하고, 모든 사람들에게 즐거움을 준다고 망상하기 쉽다는 것은 쉽게 인정힐 수 있다. 에티카

* 가장 천하고 보잘것 없다고 믿어지는 사람들이

대개 가장 야심적이고 시기심이 강하다. 에티카

  * 자만심은 인간이 자기 자신을 너무 높게 생각하는 데에서 생기는 쾌락이다. 에티카

  * 의지(意志)와 지성은 하나이며, 같은 것이다. 에티카

  * 그러므로 모든 사람들은 자기의 공적을 관련시키기 좋아하고, 자기 육체와 정신의 힘을 뽐내기 좋아하며, 그렇기 때문에 한 인간은 다른 인간에게 귀찮은 존재가 된다는 것은 인정하게 된다. 에티카

  * 덕행(德行), 혹은 적당한 처세의 제1차적이며 유일한 기초는 자신의 이익을 찾는 것이다. 에티카

  * 인간들은 서로 협조함으로써 자기들이 필요로 하는 것을 훨씬 더 쉽게 마련할 수 있으며, 단결된 힘에 의하여 사방에서 그들을 포위하고 있는 위험을 훨씬 더 쉽게 모면할 수 있다는 것을 깨닫게 될 것이다.
에티카

* 모든 가난한 사람들에게 도움을 주는 것은 개인의 능력으로서는 불가능하다……. 가난한 사람을 돌보는 것은 사회 전체의 책임이다. 에티카

* 똑같은 한 개가 동시에 좋고, 좋을 수도 있고, 나쁜 수도 있으며, 무해 무익할 수도 있다. 예를 들어 음악은 우울한 사람들에게는 좋지만 슬퍼하는 사람들에게는 나쁘며 귀머거리에게는 좋지도 나쁘지도 않다. 에티카

* 은혜를 거절할 때는, 우리들이 이 은혜를 보답해야 할 것을 꺼리기 때문에 그것을 경멸하거나 거절하는 것 같은 인상을 주지 않도록 주의할 필요가 있다.
에티카

* 만일 침울할 수 있는 인간의 능력이 말할 수 있는 능력과 동등하다면 인간사는 훨씬 더 행복해질 것이 분명하다. 그러나 경험은 인간의 혀를 지배하는 것보다 더 어려운 일은 없다는 것을 넉넉히 가르쳐 주고도 남는다. 에티카

* 군중의 의견에 자기의 명예를 의지하고 있는 사람은 날마다 커다란 불안과 싸워야 하며, 자신의 명성을 지키기 위하여 행동하고 계획해야 한다. 군중은 잘 변하고 한결같지 않기 때문이다. 따라서 명성을 조심스럽게 지키지 않으면 그것은 곧 사라져 버린다. 에티카

 * 모든 선(善) 중에서 가장 훌륭하다고 여겨지는 것들은…… 다음 세 가지로 표현될 수 있다. 즉, 재산·명예·쾌락이 그것이다. 이 세 가지는 너무나 마음을 사로잡기 때문에 마음은 그 밖의 어떠한 선도 거의 생각할 여지가 없다. 지성 개선론

 * 평화는 전쟁의 부재(不在)가 아니라, 그것은 덕성(德性)이며, 마음의 현 상태이며, 박애의 경향이며, 신념이며, 정의이다. 神學—정치학론집

 * 정신은 무력으로 정복되지 않으며, 사랑과 아량으로써만 정복된다. 에티카

 * 모든 고귀한 것은 드물고 곤란하다. 에티카

라 로슈푸코

(La Rochefoucauld 프랑스; 1614~1680)

행복하지도 불행하지도 않다.

* 우리의 덕이라 함은 대개 위장된 악덕에 불과하다.

우리가 보통 덕이라고 보고 있는 것은 가끔 운명이나 우리의 책략이 재치 있게 처리되어 있는 여러 가지 행위나 이해 관계의 모임에 불과하다. 남성이 용감하고 여성이 정숙한 것은 반드시 항상 용기와 정숙에 의한 것만도 아니다.

냇물이 바다로 모이는 것과 같이, 덕이란 이해 관계에 귀의(歸依)하게 마련이다. 잠언

* 연애란 불과 같은 것이어서, 항상 동적이어야만 존속한다. 희망과 근심을 빼 놓는다면 모름지기 연애는 존속할 수 있다.

질투는 항상 사랑과 함께 생기지만 반드시 사랑과 함께 죽지는 않는다. 대체로 이러한 결과를 생각할 때 연애는 우정과 흡사하기보다는 도리어 증오와 같다 할 것이다. 연애에 있어서는 일찍이 이러한 것을 간파한 사람일수록 가장 현명하다 할 것이다.

구태여 연애가 무엇인가 비유한다면, 마치 열병과 같다고 함이 가장 적절한 표현이라 하겠다. 그 격렬함이라든지, 그의 지속(持續)되는 점이라든지, 그 어느 것이나 가히 우리들이 상상할 수 있는 정도이다. 잠언

* 흔히 여자는 사랑을 하지 않고 있다 할지라도, 사랑을 하고 있는 기분으로 있는 경우가 많다. 마음에 파고드는 사랑의 충동, 이성에게서 사랑의 고백을 들을 때의 두근거리는 가슴, 사랑을 받을 때의 환희와 행복감, 거절할 때의 괴로움, 이렇게 생각을 이어가는 동안 자기는 오직 생각만 하고 있는데도 어느새 사랑을 하고 있는 것같이 느끼게 된다. 잠언

* 대개 여자가 사랑하는 남자의 죽음을 한탄하며 슬퍼하는 것은 지금까지 사랑을 받았기 때문이라기

보다는 이제부터라도 사랑을 받기에 남음이 있는 여자로 보이기 위해서이다. 잠언

　* 사람은 자기가 그렇게 생각하고 있는 것처럼, 행복하지도 불행하지도 않다. 우리는 행복하기 위하여 애쓰기보다는 오히려 자기는 행복하다고 남에게 보이기 위하여 애를 쓰고 있다. 잠언

　* 대개 사랑은 연애에서 야심으로 변하기는 쉬워도 야심에서 연애로 되돌아오는 일은 없다. 잠언

라 브뤼에르

(La Bruyere 프랑스; 1645~1696)

인생이 비참한 것이라면.

* 여자 한 사람의 진가(眞價)에 대하여, 남자와 여자의 의견이 합치되는 일은 거의 없다. 이들의 관심엔 너무나도 많은 차이가 있기 때문이다. 여자가 남자의 마음에 들게 행동할 때의 그와 같은 사랑스러움이, 여자끼리 서로 친숙해지도록 만드는 일은 없다.

한편 남자로 하여금 마음의 정념(情念)을 불태우게 하는 여자의 여러 가지 행동도 같은 여자끼리는 염오와 반감을 자아낼 뿐이다. 그 남편에게 아내를 가진 것을 적어도 하루에 한 번씩 후회하게 하지 않을 만큼, 또한 미혼 남자의 행복을 부러워하지 않을 만큼 항상 세심한 주의를 기울이는 훌륭한 여자는 별로 없다. 성격론

* 연대는 그것이 계속되는 한 그것대로 존속한다. 그러나 때에 따라서는, 소원(疏遠)·질투·해이·주저(躊躇) 따위로 소멸의 위기를 거듭하면서 존속한다. 반대로 우정은 조력을 필요로 한다. 우정은 신뢰·이해·호의가 없을 때에는 소멸하고 만다. 성격론

　* 어찌하여 모든 인간들은 한데 어울려서 단일된 국가를 이룰 수 없을까? 어찌하여 같은 언어로 이야기하고 같은 법률(法律) 밑에 생활하며, 같은 풍습과 심지어 같은 종교까지를 인정하려 하지 않을까? 하고 의문을 갖는 사람이 있다. 그러나 나는 정신이나 취미나 감정이 상반(相反)되어 있는 현실을 직시할 때, 불과 7, 8명의 식구들이 같은 지붕 밑 같은 방 안에 모여서, 가족이라는 이름 밑에 생활하고 있다는 사실까지도 불가사의한 수수께끼처럼 느껴진다. 성격론

　* 인생이 비참한 것이라면, 그것을 참고 견디는 것은 더욱 괴로운 일이다. 인생이 행복하기만 한 것이라면, 이것을 잃는 것처럼 무서운 것은 없다.
　인간에 있어서는 세 가지 일이 있다. 이 세상에 태

어나는 것·사는 것·죽는 것. 사람이 출생할 때는 아무것도 모른다. 그리고 죽을 때는 무한히 괴롭다. 그러나 살아 있을 때는 모든 것을 잊고 있다. 성격론

볼테르

(Voltalire 프랑스; 1694~1778)

일하기 위해 이 지상에 태어났다.

* 우리들은 눈에 보이지 않는 존재의 손아귀 안에 있음을 느끼게 된다. 이것이 우리 인간의 전부이며, 그 이상 우리들은 단 한 걸음도 나아갈 수 없는 것이다. 그러나 우리 인간들의 그 존재는 어떠한 것이며, 그것은 관용이 있는가 없는가, 또한 그것은 어떤 장소에 존재하는가 또는 존재하지 않는가? 따라서 그것은 어떻게 존재하며, 어떻게 작용하는가를 추측하고자 하는 것은 분별 없는 불손한 것이다. 철학 서간

* 모든 사정이 같다면 프로테스탄트의 나라가 카톨릭의 나라를 능가할 것임에 틀림없다. 왜냐 하면 후자는 사제(司祭)와 수도사와 성유물(聖遺物)의 형태로 소유하고 있는 데 반하여, 전자는 군인과 농민과

공장의 형태로 소유하고 있기 때문이다.
왕자를 위한 교훈의 단편

* 어느 누구도 종교적 신념 때문에 박해를 당해서는 안 된다. 그것은 신과 인간에 대한 두려움인 것이다. 예수 그리스도는 억압을 당했지만 억압자는 아니었다. 만일 마니교도가 상정(想定)하는 것과 같은 강력하며, 악하고 반신적 존재가 있다면 그에게는 사람들을 박해하는 것이 잘 어울리겠지만. 왕자를 위한 교훈

* 만일 이 세상에 신이 존재하지 않는다면, 신을 발명하지 않으면 안 될 것이다.
세 명의 사기사에 대한 글, 저자에게 보내는 서한시

* 덕이란 무엇인가? 이웃에 대한 선행, 즉 나 자신을 위하여 이루어지는 것 이외의 것을 나는 덕이라고 부를 수 있을까……?

"뭐라고요? 이웃에 유익한 덕만이 덕으로 입증된다구요? 아아! 어찌 그 밖의 덕을 입증할 수 있을까?" 우리들은 이 사회에서 분명히 살고 있다. 그러므로 사회에 공헌하는 일 이외에 더 선한 일은 있을 수 없다. 철학 서간

* 관용은 우리 인간성의 특유한 것이다. 우리는 모두 약점과 오류로 만들어져 있다. 우리들은 서로서로 우리들의 우매함을 관용하고 있다. 이것이야말로 으뜸가는 자연의 법칙이다.

　수많은 종교 중에서 아마도 그리스도교는 관용을 가장 높이 내세우는 종교인 줄로 알고 있다. 그렇지만 지금까지 그리스도 교도들은 모든 인간들 중에서 가장 관용성이 결여되어 왔다.

　수세기에 걸쳐 계속되고 있는 그 무서운 반목은, 우리가 서로 우리의 잘못을 용서해야 한다는 좋은 교훈이 될 것이다. 반목은 인류 최대의 병이며, 관용은 단 하나의 약이 된다. 철학 서간

　* 노동은 세 가지 커다란 불행·권태·악습·빈곤으로부터 우리들을 구출해 준다…….

　인간이 에덴 동산에 있게 된 것은 일하기 위해서이다……. 캉디드

몽테스키외

(Montesquier 프랑스; 1689~1755)

자유란 법의 테두리 안에서만.

* 법이란 가장 넓은 의미에 있어서는 만물의 본성(本性)에 유래하는 필연적인 제관계이다. 이러한 의미에 있어서 이 세상에 존재하는 것은 그 자체의 법을 가지고 있다. 법은 대체적으로 지구상의 모든 민족을 지배하고 있는 한 인간적인 이성이다. 그리고 각 국민의 정치적 시민적인 법은 단순히 이 인간적인 이성이 적용되는 개개인의 처지와 환경에 국한된다.

법의 정신

* 민주 정치에 있어서 인민의 욕구를 충족시키려고 하는 것처럼 보이는 것은 사실이다. 그러나 정치적인 자유는 결코 자기가 원하는 대로 행하려 함에 있는 것은 아니다. 국가, 즉 법이 존재하는 사회에 있어서는 자유란 순전히 하고자 하는 일을 할 수 있으

며, 제한된 일을 강요하지 않는 데에 한하여 있을 뿐이다.

자유란, 법이 허락하는 테두리 안에서 누릴 수 있는 특권이다. 만일 어떤 시민이 법으로 금지되어 있음에도 불구하고 이를 어긴다면, 이미 그는 자유를 상실한 것이다. 왜냐 하면 그 사람이 아닌 다른 사람도 그와 같은 권리를 가지게 되기 때문이다. 법의 정신

* 흔히 인간은 사교적 동물이라고 한다. 이러한 점에 있어서 프랑스 국민들은 어느 다른 나라 국민보다도 월등한 인간이며 특히 그 우수성을 느끼게 한다. 왜냐 하면 프랑스 국민들은 오직 사교만을 위해 이 세상에 태어난 것처럼 보여지기 때문이다.

페르시아인의 편지

* 세계에서 이 나라(프랑스)처럼 재산이 불안정한 곳도 드물다. 10년마다 혁명이 일어난다. 그러한 까닭에 어제까지의 갑부가 하루 사이에 거지가 되고, 거리가 별안간 날개가 돋아 재물의 산꼭대기에 오른다. 벼락 부자는 지금까지의 과거를 저주하고, 반면에 땅에 떨어진 갑부는 지난날의 사치를 되씹어 보

며, 다시 한 번 소스라쳐 놀란다. 또한 벼락부자는 신의 섭리와 지혜를 찬미하고, 거지가 된 자는 예고 없이 찾아든 얄궂은 운명을 한탄한다. 페르시아인의 편지

* 프랑스인에게서 볼 수 있는 유행에 대한 허영과 허식을 보고 나는 그저 놀랄 뿐이다. 그들은 금년 여름 어떠한 옷을 입었었는가를 잊어버렸었는데, 이번 겨울에는 복장이 어떻게 바뀌게 될 것인가를 아직 모르고 있다. 반년 가량 시골에 다녀 온 파리 여인이 되돌아와서 느끼는 것은 마치 30년의 세월이 흘러간 듯한 느낌이라고 한다. 이처럼 짧은 동안에도 유행이 바뀌기 때문이다. 페르시아인의 편지

루 소

(Jean Jaeques Rousseau 프랑스; 1712~1778)

자연으로 돌아가라.

* 조물주의 손을 떠날 때에는 모든 것이 착하고 어진 것이었으나, 인간의 손에 의하여 모든 것이 악화되고 있다. 인간은 다른 토지의 산물을 이 곳 토지에서 무리하게 생산하려 하며, 어떤 나무의 과일을 또 다른 나무에 맺도록 강요하고 있다.

인간은 기후 풍토 · 제요소(諸要素) · 계절 등을 어긋나게 하며 혼란케 한다. 또한 개나 말이나 굴종자(屈從者)를 불구화한다. 뿐만 아니라, 모든 것을 뒤집어 놓고 모든 것을 변형케 하며, 기형(畸形)을 사랑하며, 괴물을 사랑하고 있다.

이처럼 무엇이든 자연이 만든 그대로 두지 않는 인간의 성미가 기어코 인간 자신에게도 미치고 있다. 자기를 위하여 타인을 조마사(調馬師)와 같이 훈련하지 않으면 안 된다. 또한 정원의 나무와 같이 모양을 이지러뜨리지 않으면 안 된다.

양심이여! 양심이여! 신적인 본능, 불멸하는 하늘의 소리, 무지(無知)하면서 유한(有限)한, 그러나 지능이 풍부하며 자유로운 존재의 확실한 지도자, 선과 악을 가려 주는 심판자, 인간을 신으로 이끌어 주는 것, 인간의 본성의 우월성, 그 행위의 도덕성을 주는 것은, 즉 당신인 것이다. 에밀

* 인간이 행동함에 있어서는 그의 연령에 따라 각기의 동기가 있다. 그러나 형태는 연령에 따라 다를 망정, 그 동기에 있어서는 다를 바 없다. 10대에는 과자에 팔리고, 20대에는 애인에게, 30대에는 쾌락(快樂)에, 40대에는 양심에, 50대에는 탐욕에 끌린다. 그런데 우리들 인간이 지혜(知慧)만을 구하고자 할 때는 과연 언제일까? 에밀

* 어떤 토지에 울타리를 쳐 놓고 '이것은 나의 소유물이다'라고 말할 수 있는 것을 처음으로 생각해 낸 자, 그리고 그것을 그대로 시인할 이만큼 단순한

자들을 처음으로 본 자, 즉 이들이 국가의 창시자였다. 이 때 말뚝을 뽑고 구덩이를 메우며, 자기 동료들을 향해 '이런 사기꾼의 말을 듣지 말라. 일신의 파멸이다. 너희들은 과실이 만인(萬人)의 것이며, 이 토지가 어떤 사람의 독점물이 아니라는 것을 잊고 있다!'고 외치고 덤벼드는 자가 있었다면, 그는 얼마나 많은 범죄와 전쟁과 살인과 비참, 그리고 공포를 인류에게서 면하게 하여 주었을 것인가. 인간 불평등 기원론

* 최후의 심판을 고하는 나팔 소리가 어느 때 울려도 좋다. 나는 이 책을 손에 들고 지고(至高)한 재판관 앞에 나아가서, 나는 '이것이 나의 한 일의 전부입니다. 내 생각입니다, 내 모습입니다!' 하고, 이처럼 나는 선이든 악이든 솔직히 고백하였다. 설사 악한 일일지라도 하나도 감추지 않았고, 착한 일일지라도 조금도 덧붙이지 않았다. ……신이여! 나는 당신이 보신 그대로 나의 있는 전부를 쏟아 놓았습니다. 참회록

* 적은 의무를 쉴새없이 이행하기 위하여서 영웅적 행위를 함에 뒤떨어지지 않는 노력을 필요로 한

다. 참회록

　* 나는 벌(罰)은 그다지 두렵지 않다. 다만 수치(羞恥)만이 나를 두렵게 한다. 죽음보다도, 형벌(刑罰)보다도, 이 세상의 무엇보다도 나는 수치가 가장 두렵다. 참회록